# 神道の逆襲

JN275631

菅野覚明

講談社現代新書

# はじめに

日本の神さまというと、どうもよくわからないというのが、今日の日本人の大方の反応ではなかろうか。これがさらに神道《しんとう》となると、もっと冷たい反応が返ってくるだろう。日本には哲学がない、とはよく言われる悪口であるが、どうもこの悪口は、半分くらいは神道に向けて言われているようだ。本書は、このような冷たい理解に対するささやかな異議申し立てを意図して書かれた。題名の「逆襲」とはそういう意味である。

確かにわが国では、カントやヘーゲルのような理論的・体系的哲学は生まれてこなかった。「我日本《わが》 古《いにしえ》より今に至る迄《まで》哲学無し」（中江兆民『一年有半』）という指摘はある面で当たっている。しかし、日本に哲学がなかったということは、決して日本人が人生の一大事についての真剣な思索を欠いていたことを意味するのではない。そして、考えてみれば当たり前のことなのだが、大切なことを真剣に考える方法は何も西洋哲学のやり方に限るわけではないし、ましてやそれが最もすぐれた方法であると決まったわけでもない。黒船の大砲がすごいからといって、それを操っている連中までもが尊敬すべき聖人であるわけではないのである。

本書では、日本の神さまをめぐるさまざまな考えを取りあげ、日本人にごくなじみの深い形而上学的直観の形が、どのように問われてきたかを明らかにしようとする。神さまの感知、あるいは神さまに対する感受性は、古くから日本人の形而上学的直観の素朴な形態を示している。仏教や儒教、はては西洋近代思想まで、さまざまな外来思想を受容するにあたって、この神さまの感覚は重要な媒介の役を果たしている。神さまの問題は、日本人の思想のあらゆる部門で問われうるが、本書ではとくに、いわゆる神道の思想を取りあげてみた。

神道思想は、日本の伝統思想の中でも、殊《こと》に洋学知識人の評判の芳しくないものである。それは、あやしく荒唐無稽で、取るに足らぬ幼稚なものとして、批判される以外ほとんどまともに相手にされてこなかった。こうした評価は、何も洋学紳士固有のものではなく、当の神道内部でもひそかにささやかれてきた。たとえば、幕末神道界の大物で、いわゆる国家神道の成立に大きな影響力をふるった大国隆正は、次のように言っている。

神道は、確かならぬ高天原より、はじめて国を生みしなど、わけのわからぬ事をのみいふにより、世の人の心のよらぬもうべなることなり。ただ日本の道といふ名ばかりにてたもちをるものなり。（『死後安心録』）

日本固有という以外に取りえのないといわれた神道が、「日本」にすがって外来思想に対抗していった結果がどのようなものであったかは、言うまでもないであろう。しかし、本書はむしろ、大国隆正が「わけのわからぬ事」といった側面にこそ、積極的に光を当てていこうと考える。荒唐無稽、牽強付会とおとしめられ、かえりみられることの少なかったものの中に、人間普遍の真実を求めた先人たちの知恵を発見することが、最大のねらいである。「逆襲」という言葉の意図を、少しでもくみとっていただけただろうか。

日頃、なじみの少ない神道の言葉の内に、私たちの日常経験のひだを照らす不思議な光を感知していただければ幸いである。

# 目次

# 第一章 神さまがやって来た

## 神さまはお客さま

日本人は昔から、いろいろな神さまをお祭りしてきた。全国に約八万あるといわれる神社は、俗に八百万《やおよろず》といわれるさまざまな神さまをお祭りする施設である。神社に祭られているのは、「如来」や「菩薩」といった呼び名を持つ仏さまや仏さまの仲間ではなく、多くは「～のみこと」という名を持った神さまである。小さな社やある種の神社では神さまとも仏さまともつかない名を持つもの（たとえば「権現さま」のような）が祭られている場合もあるが、基本的に神社でお祭りしているのは神さまである。

また、こうした「～のみこと」についての物語が、本書中でたびたび参照される、『古事記』（上巻）、『日本書紀』（神代巻）などのいわゆる日本神話であり、神さまのお祭り（祭祀）の場面で、神さまとの交流のために用いられた特殊な節のついた言葉が、祝詞《のりと》や歌である。以下の本書の叙述を理解するために必要な基礎知識は、さしあたりこれで十分である。

さて、私たち日本人は、これまで長い間、神さまをどのようなものとして理解し、またどのようなつき合い方をしてきたのであろうか。その最も素朴な形態は、神社や民間の儀礼・習俗、あるいは古い時代の神さまをめぐる記録・伝承などからうかがい知ることができる。

まず、人々にとって、神さまはある時、突然、どこからかやって来るものであった。神さまがやって来たことがわかると、人々は神さまをお迎えし、適切な応対をした後に、再びお帰りいただく。これが日本人が古くから行ってきた、神さまとのおつき合いの基本であった。ずいぶん昔、「お客さまは神さまです」という演歌歌手三波春夫（一九二三～二〇〇一）の名言があったが、要するに神さまは、時たまひょっこり現われる「お客さま」なのである。民俗学・国文学の大家で神道家であった折口信夫《おりくちしのぶ》（一八八七～一九五三）は、神さまのこのようなあり方を「まれびと」という言葉で表わしている。いずれにしても、神さまは第一義的にはお客さまなのであるから、当然のことながら丁重におもてなしをし、上機嫌でお帰りいただくのが神さまとのつき合い方のイロハである。神さまは客であり、人と神との交流は基本的に接待である。この接待のことを、お祭り（祭祀）と呼ぶ。お祭りに酒やごちそうがつきものなのも、祭祀が接待であるということと関係している。祭りは接待の宴会である。というより、今日の日本人の接待文化や宴会好きの起源が、そうした神さまのお祭りにあるといってもよいのである。

では、神さまがお客さまであるとは、一体どういうことを意味しているのであろうか。第一、お客といっても、歓迎すべき客、招かれざる客といろいろあるだろう。神さまは、一体どのようなお客さまなのだろうか。そしてそもそも、神さまなるものがやって来たということは、どうやってわかるのだろうか。神さまは、目に見えるのであろうか。これらは、しごく当然の疑問である。そしてこうした疑問は、これから神道の思想を考えていく際に重要な導きの糸となるのである。

神さまがやって来たということは、人々にどのような形で感知されたのであろうか。神さまは基本的には目に見えないものと考えられてきた。だから、古い時代には神さまの姿をあらわす絵や像はなかった。仏教美術の影響を受けて神像が作られるようになった後世でも、「神の御姿を画《えが》くは、恐るべく慎むべきことなり。(中略)神は名のみにて見えねば、なしと思ふがおろかなり」(斎藤彦麿『傍廂《かたびさし》』)という考えは根強く残っていた。にもかかわらず、人々は確実に神のおとずれを知ることができた。というのは、神さまがやって来る時には、必ず何らかの仕方でそのことを示し現わすものであるという共通了解が、人々の間にあったからである。神さまが自らを何かの形にあらわすことは、古来「たたり」と呼ばれてきた。今日では、たたりといえば何か悪しき霊のもたらす災いとばかり考えられているが、もともとは、神さまがその威力をあらわすこと一般を指している。「たたり」という語も、「虹がたつ」などというときの「たつ」、つまり「あらわれる」という意味の「たつ」と関係があるとも言われている。

そういうわけで、神さまの出現(たたり)には、さまざまな形がありえた。しかし、とくに顕著なのは、やはり何といっても、地震・噴火・豪雨・暴風・落雷・疫病といった災害・

災厄の類であった。そうした大規模な災いと共にあらわれる神さまの威力は特に絶大なものと感じられたから、その経験は多くの人の記憶に深い印象を刻み残したと見られるのである。

**神のあらわれ**

たとえば、「龍田風神祭《たつたのかぜのかみ》」祝詞には、次のようなことが述べられている。この祝詞は、平安時代に編まれた法制集『延喜式《えんぎしき》』巻八に収められたいわゆる「延喜式祝詞」の一つで、奈良県生駒郡三郷《さんごう》町にある旧官幣大社龍田神社の風の神の祭りに用いられるものである。

崇神天皇の時代に、五穀をはじめ、天下の公民の作る農作物が、「草の片葉に至るまで」成育しないという事態が何年も続いたので、天皇は多くの物知り人に、何の神の御心であるかを占わせた。しかし、占っても神名が不明であった。そこで天皇は自ら、国土のどの神も忘れることなく祭ったのに、天下の公民の作る物を成育させず傷《そこな》うのは誰《いずれ》の神であるかと、「誓《うけ》ひ」をして問うたところ、「悪い風、荒い水の災いによって作物を傷うわが名は、天御柱命・国御柱命である」という夢の告げがあった。さらに、光沢のある布（明妙《あかるたえ》・照妙《てるたえ》）、柔らかい織物（和妙《にきたえ》）、荒い織物（荒妙《あらたえ》）、光沢のある五色の織物の御服《みそ》、楯、矛、鞍をつけた馬など多くの幣帛《みてぐら》（神に捧げる品物）を揃え、朝日の向から所で夕日の光の当たる所の、龍田の立野の小野に宮殿を定めて祭るならば、五穀・作物を守り、幸いを与えるであろうと告げたのであった。

龍田の風神祭の初見は、『日本書紀』天武天皇四年の条で、古代においては重要な国家祭祀の一つであったらしく、以後国史の中にたびたび恒例・臨時の祭りの記事があらわれる。平安時代には、風雨の祈りのために官位も正三位まで上昇した。こうした大々的な祭祀は、神さまと人々との関わりの素朴な原型を見るには、必ずしもふさわしい例であるとはいえないかもしれない。それでも、今日の私たちに必要な、神さまについての予備知識を得る手がかりは、一通り揃っているように思われる。

この祝詞で語られているのは、龍田神社の祭神の起源説話である。龍田の風神が最初に人々の前にあらわれたときのことが語られているのである。その時、人々に感知された事態は、天下の農作物が成育しないという災厄であった。この凶作は、風水害によるものであった。引き続く凶作に直面した天皇は、「物知り人」たちを集めて、それがいかなる神の意志・威力であるかを占わせようとしたわけである。「物知り人」は、占いや祈禱を職とする人々のことで、知識豊かな人という意味ではない。しかし、知識ある人をあらわす言葉の古い用例が、このような意味で使われていたということは、私たちにとって本当の知識や学問とは何かということを考え直すための、一つの手がかりを示しているようにも思われる。それはともかくとして、結局、占いでは神の名が判明せず、天皇みずからが、誓《うけ》いという、神の指示を待つための呪術的手続きを介して神の名を知ることになる。神の名が知られたということは、この災厄が神の到来であることが確認されたということを意味している。確かに神は、天下の人々の身近なところにやって来ているのである。

　神さまがやって来るとはどういうことか、神さまはなぜやって来るのかは、続く文段で明らかになる。神さまは、幣帛を捧げて祭られることを要求している。ひらたくいえば、お客さまとしてもてなされることを要求している。人々は神のあらわれを、祭祀の要求であると了解していたのである。ちなみに、「まつる」という言葉の語源は、物品を捧げたてまつることからきているといわれる。ここで天皇は、すべての神をもらさずに祭る者（原文は、「神等《かみたち》をば天つ社《やしろ》、国つ社と忘るることなく、遺《お》つることなく称辞竟《たたへごとを》へまつる」）であるとされている。天皇は、祭祀を行う者の代表、司祭者中の司祭者というべき存在なのである。神の要求通り祭祀が執り行われたことはいうまでもない。以後、天御柱命、国御柱命の祭祀は何度も繰り返され、客を迎えるための施設は固定化して、今日の龍田神社が成立するのである。

　このように、わが国古来の神さまとのつき合い方は、客として来られた神さまをもてなし、そのことによって豊かで平和な暮らしを得ようとすることであった。この構造は、村々の小さな社の祭りから、明治憲法下で「国家の大祀」と規定されていた大嘗祭にまで基本的に通じるものであった。大嘗祭が固定した神殿施設を持たず、その都度大嘗宮を設けて取り壊すことにあらわれているように、神社の神殿も元来は一時的な施設であったと考えられている。それは、神さまが一時的な来客であったことと関係しているであろう。神さまのための什器に白木や素焼きのものが多いのも、やはり神さまがお客さまであることを暗示している。白木・素焼きは、新品でかつ一回限りの使い捨ての品を象徴する（たとえば、飲食店の割り箸がそうである）からである。

神の祭祀という観点から日本の文化を見直すと、さまざまな面白いことが見えてくる。たとえば、人々の平和で豊かな生活はお客さまとしての神さまを上手にもてなすことで実現するというのが、日本人の一つの価値体系の根拠をなすという見方ができる。何気ないことのようだが、いいかえればこれは、自己の価値の実現如何は、お客さまである神さまへの接待にかかっているということである。人々が精を出して働き、五穀（農業）や織物（工業）を作るのは、神さまにより良い物を差し上げるための努力である。なぜなら、その結果それらのより良い物は自分たちの手にも入り、豊かな暮らしが手に入るからである。日本人の勤勉や物つくりの理念を支えているのは、自分たちの物を作っているのではなく、神さま（お客さま）に差し上げるためのものを作っているという無意識の目標なのではないかということである。冗談のような話だが、今日海外に氾濫する日本製品も、あるいはそういう類のものなのかも知れない。お客さまという自分たちの外の存在に対して、すぐれた物を贈る、そのために良い品の製造に精を出す、そんな古き日本の姿が、今日の輸出用製品文化に透けて見えるような気がしてならない。だが、現代の科学技術の産物が、果たして神さまに差し上げるにふさわしい「明妙《あかるたえ》・照妙《てるたえ》」たりえているのかは、筆者にはわからない。ともあれ、お客さまに良い物(幣帛)を差し上げ、その見返りないしお下がりで豊かに暮らすというのが、日本人の神さまとの付き合いの基本である。神さま文化の観点から見た場合、「日本」というものを、そういう神さまのために物を作っている一つの範囲として定義することもできるのである。

## 外部から来る者

箒《ほうき》を逆さに立てるとお客さまが早く帰るというお呪《まじな》いを知っている人は、今日では本当に少ないと思うが、考えてみれば、来客というのは心ときめくものである反面、妙に気疲れするものでもある。客は、家族や身内の人々と飲食を共にし、一緒に楽しんでいる。その限りで、客は私たちの側の、身近な存在である。しかし、客は私たちと日常の生活までをも共にしているわけではない。それは、あくまでも私たちの日常の外からやってきて、一時的に滞在する者である。私たちの内部に一時的に滞在する外部の存在である客は、それゆえ私たちにとって一種の異物である。お客さまの、この微妙にすわりの悪い二重性は、実は、古くから日本人が了解してきた神さまのあり方の根っこを暗示している。

遠来の思いがけない来客を迎えるとき、私たちの日常は、一転して新鮮な雰囲気に包まれる。お客さん用のご馳走が出され、迎える私たちも普段とは違った豪華な食事にありつける。普段自分たちのためには決して買わないような品物が惜しげもなくやり取りされ、客のもたらす珍しい話は、日常の退屈を破って新鮮な活気を私たちの生活に吹き込んでくれる。来客を迎えるときめきは、私たちの日常の風景が一新するそのことへの期待に他ならない。しかし、来客が私たちの日常を一瞬でも変容させる刺激をもたらすことができるのは、そもそも客が私たちの外から来る、私たちとは異なる何者かであるからに他ならない。外からやって来ること、言いかえれば、私たちの側からは見通すことのできない、ある種の暗さ、不透明性を背負っているからこそ、私たちの日常の風景は来客によって反転しうるのである。お客さまは、気のおける存在であるからこそ、私たちの日常に活気をもたらすのだといえる。

客という存在の持つこの微妙な二重性は、有難いものでありつつ、どこか測り知れない奥深さを持つ、神さまの性格と正しく対応している。生活に豊かさや活力をもたらす魅惑的なありようと、一方で私たちの日常そのものを崩壊させかねない測り難い不気味さという神さまの両義的性格は、神が外からやって来る客であるということと直接に結びついているように思われる。

神さまは、外からやって来ることにおいて、私たちの日常のどこかにひびを入れている。しかし、まさにそのことによって私たちの生活は新たな活力を得てもいるのである。この危険と期待、迷惑と楽しみの交差にあるのが、来客への接待なのであり、したがって神への祭祀の場なのである。楽しみながらも、どこかで相手の顔色をうかがいながら、場合によっては追い返してでもお帰りいただく。そういう接待の場の底深い雰囲気が、私たちにとって神とはどういう存在であるかを確かめる手がかりとなるのである。

子どもの頃、外で遊び回って帰ってきて勢いよく玄関から飛び込み、大声で「ただいま」と叫んだ瞬間、何か様子がおかしくて一瞬戸惑った、そういう記憶をお持ちの方は多いだろう。そういう時、たいていは母親がそっと障子の向こうから顔を出し、「今、お客さんが来ているの」とささやく。その一言で子ども心は、奥深い何かを即座に了解したのではなかろうか。子どもが感知した、家の中に漂う言うにいわれぬこの雰囲気にこそ、神さまの経験の根っこがある。子ども心が感知したように、神さまとは第一義的に、見慣れた日常の風景の変容・反転として経験される。見慣れた景色の反転としてあらわれているもの、あるいはその反転をもたらしたと思われるところのものこそが、神なのである。

子どもは、我慢しなければならない。来客のあいだ中、子どもは、静かに、おとなしくしていることを求められる。きちんと挨拶もしなければならない。もちろん、小遣いを貰ったり、お土産を渡されたりと、楽しいこともいろいろあろう。それでも、結局子どもは、お客さまが帰るまで、我慢して待たなければならない。お客さまが辞去すると、たちまち子どもは、そして親も、いつもの姿を取り戻す。言葉使いも普段に返り、何よりも家の中の空気が、いつものそれに戻る。反転していた日常の風景が、再び反転して、いつもの風景に戻るのである。そして、もしかすると私たちは、本当は客が帰ったあとのこの解放感の「楽」をこそ待っていたのかもしれないのである。

客をもてなし、共に談笑する時間は、したがって反転した景色が再び見慣れた景色へと戻るのを待つ時間でもある。反転した日常は、いつかはもとの日常に戻らなければならない。神と人々のかかわりとは、この、もてなしつつ待つことに他ならない。客とともに、神とともにある一種の興奮に彩られた待つ時間は、私たちが普段何気なく営んでいる日常の生のありようを、その回復への期待とともにそれとしてはっきりと思い出させる。私たちは、待つ時間の中で、私たちの普段の生が何であったのかを自覚的に確認する。風景の反転の中に直観される神は、私たちの日常をあらためてそれとして確かめさせるところの、しかも私たちの日常の外部にある何者かである。

## 祭祀の力

平安時代のはじめ、承和七年（八四〇）九月二十三日、伊豆国から朝廷に次のような報告があった。

賀茂郡の海上に、新たな相貌の島が出現した。この島は、もとの名を上津島といい、三島大社の后神とその御子神の物忌奈乃命《ものいみなのみこと》が祭られていた。草木が覆い茂り、三方を険峻な崖で囲まれ、わずかに西側に船の近づける浜があるような島であったが、今ことごとくが焼け崩れ、周囲の海であったところを併せて、広い陸地と砂浜になっている。島内には新たに四つの神の住まいが出現している。それぞれに石室や楼閣状のもの、塚状のものが、また山上の一区画には剣と鉾を持ち、従者を従えた人の形をした石がある。炎はいまだ止んでおらず、その他の細かい点は記すことができない。

噴火は去る承和五年七月五日夜のことで、上津島の左右の海中が焼けて、炎はまるで野火のようであった。その時、十二人の童子が松明をかかげ、海に降りて火をつけて回った。童子たちは水上地中を自在に歩き、大石をはね上げ、あたりを焼き尽くした。炎は天に達し、灰が雨のごとく降り注ぐこと十日に及んだので、伊豆国の役所では、神職たちを招集し、その「たたり」を占わせたところ、「阿波神は三島大社の本后であり、五柱の子を生んでいる。にもかかわらず、後の后にのみ冠位が授けられ、わが本后にはその沙汰がない。もし冠位が授けられるならば、天下は平穏、産業も豊かとなるであろう」との教えがあった。今年の七月十二日に島を遠望したときには、雲と煙に覆われてそのありさまはつぶさには見えなかったが、この頃になって雲霧が晴れ、神の作った院や岳がはっきりと見えるようになった。まことに神明の感ずるところである。(『続日本後紀』)

島の形状が一変するほどの噴火に見舞われた上津島とは、伊豆七島の一つ、神津島のことである。阿波神と物忌奈命は、それぞれ現在神津島村にある阿波咩命《あわのめのみこと》神社、物忌奈命《ものいみなのみこと》神社の祭神である。報告の原文中で、神の作った院・閣室・石室などと呼ばれているのは、さまざまな奇怪な形をした溶岩形成物や地割れなどを指しているのであろう。また、火を放ってまわったという「童子」や、剣と鉾を携えた人の形といった叙述には、これを去ること数十年前に、最澄(七六七〜八二二)や空海(七七四〜八三五)によって相次いで中国から招来された密教の影響を見て取ることができるかもしれない。いずれにしても、伊豆の海上に起こった大噴火は、当時の人々にとって、まさに神の現われとして記録されるべきものであった。

朝廷の対応は速やかであった。十月十四日には、無位阿波神ならびに物忌奈乃命に「伊豆国造嶋の霊験を以て」従五位下が授けられている。このように、この時代は、神に対して叙位を行うことが習慣化していたが、いうまでもなく、これは神を祭ることの一様態として理解されていたであろう。

承和七年という年は、藤原常嗣《つねつぐ》（七九六〜八四〇）を大使とする最後の遣唐使団が帰国した翌年に当たる。いわゆる鎮護国家の仏教は定着し、大陸の文物の流入は奈良時代に引き続いて盛んであった。大化の改新にはじまる開明的な律令国家の理念が、最後の輝きを放っていた時代でもある。裏返していえば、神を祭ることがそのまま直ちに政治的な統治でもあるような時代からは、すでに遥かに遠ざかっていた。にもかかわらず、ともかくも噴火を神のあらわれととらえ、これに対するに、神を祭るわざを営むことが当然の措置として取られていたこともまた確かであった。

この年の前後には、阿蘇の神霊池がにわかに涸渇したり、伊豆国で大地震が発生したりと、天変地異が続発した。承和八年五月および六月と、ときの仁明天皇（在位八三三〜八五〇）は、天智・桓武両天皇陵をはじめ、神功皇后陵、伊勢神宮、賀茂御祖《かもみおや》神社に幣帛を捧げ、「たたり」の鎮まることを祈らせている（『続日本後紀』）。大地震の発生に際して、陰陽師に占わせ、地震の神を祭り、山陵・神社に告げ、臨時の大祓を行い、あるいは僧侶に祈禱をさせるといったことは、古くからの朝廷のしきたりである。加えて、ときに改元をし、歌舞音曲を停止し、税の減免・恩赦等の徳政や、被災者に金品を与える「賑恤《しんじゅつ》」を施すことも、律令国家以来のならわしである。早くは、『日本書紀』推古天皇七年四月に、地震の神を祭らせた記事がある。奈良時代から平安時代前期にかけての国の正史である「六国史《りっこくし》」をはじめとする諸記録には、地震や疫病、冷害・旱害等にかかわる祭祀・祈禱の記事がしばしば見られる。たとえば、天慶元年（九三八）四月、京都で大地震があり、多数の建物が倒壊した。地震は七月に至るまで続発し、七月三日には朝廷は諸寺・諸社に命じて仁王経を奉読させ、また十月には宇佐八幡宮に地震の災いを消すために奉幣し、祈らせたとある（『日本紀略』『本朝世紀』による）。

今日の国家においても、地震や噴火の災害時には、人々の生命や財産を守り、破壊された生活基盤を復旧するためのさまざまな手だてが取られる。それらの手だては、近世以前に行われていた徳政や賑恤に比べれば、近代の科学技術の水準に見合う分、はるかに有力かつ効果的である。だが一方で、これまた当然のことだが、今日の国家の施策の中には、祭祀・祈禱は含まれていない。もちろん、折にふれて追悼・記念・慰霊の名目でさまざまな行事が催されることはある。しかしそういった儀礼もどきは、司祭者が高度の緊張下に心身を賭して執り行う祭祀とは似ても似つかぬものである。

もちろん、祭祀の力によって地震や噴火が鎮まることはないだろう。祭祀はそもそも、引き続く噴火や地震の爪痕《つめあと》を鎮め、消失させる「技術」ではない。いいかえれば、現われた神を直接に操作したり、消滅させることのできる技術ではない。それは、身近に来ている神とともにある時間を過ごすためのわざであり、しばしば「地獄絵図」や「悪魔の爪痕」にたとえられる反転した風景が、再び見慣れた日常へと回復するのを待つわざなのである。信じて待ちつづけた結果、再び平穏な日常が回復されたとき、それがたとえ以前あった日常とその中味は変わらなかったとしても、私たちにはそれが以前にもまして有難く豊かなものとして感受されるであろう。災厄は確かに去り、私たちの日常は全く新たで生き生きしたものとして回復される。このように受けとめられたとき、人々はこの平和をもたらしたものこそが、待つ時間として過ごされた祭祀の力であったと信じたのではないだろうか。

地震や噴火を鎮めることと、鎮まるのを祈り願うこととは、決して同じことがらではない。どんなに技術が発達しても、いったん起こってしまった災厄がおさまり、私たちの見慣れた日常の風景が回復するのを、苦難に耐えながら、そして希望を持ちながら、待たなければならない点においては、昔も今も同じなのである。司祭者（その頂点には天皇がいる）によって行われる祭祀は、待つ以外にはない人々の気持ちを代弁し、表現するものという一面を持っているであろう。

もっとも、科学技術が進歩すれば、いつかはあらゆる天変地異が制御され無害化される時が来ると期待する向きもあるかもしれない。しかし、たとえそういう時代が到来したとしても、私たちの生が、死をはじめとする何らかの災厄に脅かされざるをえないという構造自体は、変わることはないであろう。むしろ、技術による災厄の排除に過度の期待をかけることは、私たちの生が、楽と苦、善と悪、喜びと悲しみ、安心と不安等々のからまり合いから成っているという、あるがままの事実から目をそらすことにもつながりかねない。私たちは、不安と希望の交錯を見つめることによってはじめて、自分たちの人生をとらえ直しながら、より良き生を求めていくことができるのである。あるがままの生から目をそらすということは、より良き生を思うことの放棄につながる。喜びや恐れへの鈍感さは、また倫理への鈍感さなのでもある。そして、おそらくは、この列島に暮らしてきた人々にとって、神とともにあると感じられた時間こそは、私たちの生が何であるかを反省し、さらにはより良き生を構想する重要な契機となっていたのである。突然の災厄、風景の反転において神を感ずることは、世界のありようや生の内実を反省する倫理的思索の素朴な原型を形づくってきたのである。

## 風景の裏側

大正から昭和初期にかけて活躍した萩原朔太郎《さくたろう》（一八八六〜一九四二）という詩人がいる。日本口語詩の完成者といわれる彼の詩集『月に吠える』『青猫』等は、当時の文壇に大きな衝撃を与え、文学青年たちに深い影響を及ぼした。「実在の世界への、故しらぬ思慕の哀傷」（『青猫』序）を、艶めかしく、あるいは典雅に、孤独の情調とともに詠いあげた朔太郎の詩は、今日なおそのみずみずしさを失っていない。

この萩原朔太郎の、ほとんど唯一の小説作品に、『猫町』という不思議な短篇がある。「不思議な」といったのは、この作品が近代の詩人の創作であるにもかかわらず、神との遭遇の体験を語る民俗的な心性のあり方に奇妙に一致しているからである。その意味で、『猫町』は、『日本霊異記』や『今昔物語集』から、近くは柳田国男《やなぎたくにお》（一八七五〜一九六二）の『遠野物語』に至る、奇異《くすし》き何者かとの出会いを語る霊異譚の系譜に連なるものといえる。みずから「香気」を生命とすると述べた詩人の作を、不器用にいじりまわすのは気がひけるのだが、以下簡単に要約してみよう。

単調な日常からの脱出を、見知らぬ場所への旅のロマンに求めていた「私」は、しかし、旅が結局は「同一空間に於ける同一事物の移動」にすぎないことに次第に倦んできた。そんなある日、私は偶然、一つの新しい旅行方法を発見した。

元来私は、方角感覚に著しい欠陥を持った人間であり、しばしば道に迷うことがあった。その時も、普段の散歩道を歩いていて、ふと見知らぬ横町を曲がり、それがきっかけですっかり迷子になってしまった。ぐるぐると迷い歩いた挙げ句、私はふと「全く、私の知らない見知らぬ美しい町」に出た。「四つ辻の赤いポストも美しく、煙草屋の店に居る娘さへも、杏のやうに明るくて可憐であつた。かつて私は、こんな情趣の深い町を見たことが無かつた」。私にはそれがまるで現実の町ではない、影絵のように思われた。しかしその瞬間、記憶と常識が回復した。気づいてみれば、それは私の知っている「近所の詰まらない、有りふれた郊外の町」なのであった。この不思議な変化は、私が道に迷ったことに起因していた。いつもは右に見えるものが左に見え、南はずれにあるべきものが北に見えた。この反転が、見慣れた町を全く違った景色に見せたのである。この不思議な町は、磁石を反対にした世界の裏側に実在したのである。

その後、私は、故意に道に迷って、この不思議な空間を旅行しまわるのを、秘かな楽しみとするようになった。そしてある時、次のような奇怪な体験をするに至る。

北陸地方のある温泉に滞在していた私は、近所の歓楽地U町へ向かうため、わざと鉄道を途中下車して、山道を歩いていた。この地方に伝わる猫神や犬神憑きの伝説のことなどを考えながら歩いているうちに、私はすっかり道に迷ってしまう。ようやく細い山道を発見し、麓に降りた私の前に、「思ひがけない意外の」「繁華な美しい町」があらわれた。「市街の印象は、非常に特殊に珍しいもの」であった。町全体はしっとりと美しく、しかも、ある微妙な雰囲気で全体の調和が保たれていた。大通りには多くの人出があったが、そのくせどこか閑雅に静まり返っている。そして、注意してみて気づいたのは、町全体の美学的な均衡は、何か知らぬ繊細な緊張によって、人為的に保たれているということであった。私は、急に息苦しく不安になってくる。「町の特殊な美しさも、静かな夢のやうな閑寂さも、却つてひつそりと気味が悪く」、私は漠然とした凶兆の予感に焦燥を感じる。「建物は不安に歪んで、病気のやうに痩せ細つて来た。所々に塔のやうな物が見え出して来た。屋根も異様に細長く、痩せた鶏の脚みたいに、へんに骨ばつて」奇怪な姿を示してきた。

「今だ」と思わず私が叫んだとき、恐ろしい異変があらわれた。「町の街路に充満して猫の大集団がうようよと歩いて居るのだ。猫、猫、猫、猫、猫、猫、猫。どこを見ても猫ばかりだ。そして家々の窓口からは、髭の生えた猫の顔が、額縁の中の絵のやうにして、大きく浮き出して現はれて居た」。

だが次の瞬間、私は意識を回復した。気づいてみると猫の姿はすっかり消え、町の姿も一変していた。あの魅惑的な町はどこかに消え、カルタの裏を返したように、平凡な田舎町がそこにあった。私は一切を了解した。例によって、私はあの方位知覚の喪失に陥っていたのである。私は上下左右の逆転した「景色の裏側」を見たのであった。通俗の常識でいえば、「所謂『狐に化かされた』のであった」。

人はこの物語を、病的な詩人の幻覚だと笑うであろう。しかし、私が宇宙のどこかで、あの奇怪な猫の町を「見た」ということは、私にとって「絶対不惑の事実」である。私は今も、宇宙のどこかにあの猫の精霊ばかりが住む町が実在していることを堅く信じている。

萩原朔太郎の『猫町』はここで終わっている。しかし彼が作品の中で提起した「謎」は、今も終わってはいない。朔太郎はいう。

「錯覚された宇宙は、狐に化かされた人が見るのか。理智の常識する目が見るのか、そもそも形而上の実在世界は、景色の裏側にあるのか表にあるのか。だれもまた、おそらくこの謎を解答できない。」（筑摩書房『萩原朔太郎全集』より）

『猫町』の世界が暗示しているのは、心ときめきつつもどこか気づまりな、客＝神とともにあるときの、人々の心の深部にある何ものかである。いいかえれば、もてなし祭ることの陰に隠された、神とのじかの接触の経験である。社交の装いをはがされた生の異物との遭遇なのである。「狐に化かされた」経験が、そうした無防備な状態における神との出会いの一様態であるのは、民俗世界における古くからの了解事項である。民俗伝承の世界では、狐のみならず「猫」もまたしばしば神のあらわれを示す生き物であるとされてきた。家族の一員と思われていた飼い猫が、飼い主の怨みを晴らすべく妖異な力を発揮する、いわゆる化け猫の説話は、猫が不可思議な向こう側に半身を置いた存在であることを示すものである。そしてもし、「道を無くした」「迷ひ子」の私が、そのまま再び戻ることがなかったならば、古来の民俗の了解は、正しくそれを「神隠し」と呼んだであろう。さきに述べたように、小説『猫町』の世界は、神との遭遇を記す数多くの説話世界と限りなく近い。「景色の裏側」の謎に惹かれる朔太郎の心性は、何ものかとしての神を感受する伝統的な心性とほとんど重なっている。そして、『猫町』の言葉を使うなら、万物の創造者とも、全知全能の唯一神とも異なるわが国の「カミ」とは、風景としてみずからをあらわしている、「裏側」の何ものかなのである。

**神の定義**

小説『猫町』は、神との直接の出会いの体験として読み解くことができる。神がじかにあらわれる世界は、不気味で恐ろしい世界でもあり、異様に魅惑にあふれた世界でもある。ただ問題なのは、その異形の世界は、人々の見慣れた日常世界と、「骨牌《カルタ》」の裏表のように一体のものであるということなのである。詩人の見た「猫ばかりの住んでる町」は、実は「普通の平凡な田舎町」と同じなのである。そしてこの同じものの反転において、ただの猫、ただの狐、ただの雨、ただの雷が、それぞれ神であるのだ。ここで、日本の神についての本居宣長《もとおりのりなが》（一七三〇～一八〇一）のあの有名な定義が思いおこされる。宣長の定義はこうである。

「さて凡《すべ》て迦微《かみ》とは、古《いにしへ》御典《のみふみ》等《ども》に見えたる天地の諸《もろもろ》の神たちを始めて、其《そ》を祀《まつ》れる社に坐《ます》御霊《みたま》をも申し、又人はさらにも云《いは》ず、鳥獣《とりけもの》木草のたぐひ海山など、其余《そのほか》何にまれ、尋常《よのつね》ならずすぐれたる徳《こと》のありて、可畏《かしこ》き物を迦微とは云なり。（すぐれたるとは、尊きこと善きこと、功《いさお》しきことなどの、優れたるのみを云《いふ》に非ず、悪《あし》きもの奇《あや》しきものなども、よにすぐれて可畏きをば、神と云なり。）」（『古事記伝』三之巻）

宣長のいうところは、それが人であれ、動植物であれ、自然現象であれ、ともかくもそのものが、私たちにとって「可畏《かしこ》き物」、すなわち身の毛もよだつような異様なものとして出会われれば、それが神なのだということである。この定義は、今日私たちが、名人・達人・奇人・変人の類を「～の神様」と呼んではばからない、日本語の「カミ」という言葉のニュアンスをよく言い当てている。と同時に、人格的な唯一創造主ゴッド（God）に、神という訳語を当てたことが、わが国の翻訳史上、最大の失策であったことをも納得させてくれる。

だが、より重要なのは、この宣長の定義が、意識的にか無意識的にかはわからないが、わが国の神というもののある微妙な存在性格を言い当てているということである。

たとえば、日頃大切にされて家族になついている飼い猫がいた。ある時、家の娘が重い病気にかかり、主人の夢の中にその猫があらわれて、病いは家に巣食った劫を経た大鼠のせいであると告げる。猫は鼠と戦い、共に死んでしまうが、娘の病気はすっかり治る。家族はこの猫を手厚く葬った（宮負定雄《みやおいやすお》『奇談雑史』巻の五）。夢告をし、鼠と戦う猫も、劫を経た大鼠もともに「可畏《かしこ》き物」としての神である。しかし、この猫は、神でありつつも、同時に民家に住みつくありふれた飼い猫である。神であるからといって、この猫が猫でないわけではない。この猫自体、あるいは猫一般が神なのではなく、細かくいえば、「可畏き物」として出会われている限りにおいてのこの猫が、神なのである。したがって、変な言い方だが、神とはこの「可畏き」経験そのもの、「可畏き」出会いそのものの内なる何ものかなのだということになる。

こうした神の微妙なありようをわかりやすく表現しようとすると、「神が憑く」とか「神がかる」といった言い方がでてくる。要するに、不定のXである神が、人や物を介してあらわれているととらえるわけである。こういうとらえ方は、文献や伝承の中で広く流通しているのだが、そのことからさらに、誤りであるともないともつかぬ微妙な誤解が出てくることにもなる。

たとえば、ある人に神が憑いているとき、その人と神とは実体的には区別ができないから、この人を指して人と呼んでも、神と呼んでもどちらも誤りだとはいえない。ここから、祭祀を専門とするような、しばしば神との一致を体現するその人自体を神とみなす混同が生じてくる。折口信夫が早くから指摘していたように、いわゆる現人神《あらひとがみ》の思想や、ある氏族を神の子孫とみなす考えは、この、誤りとはいえぬ混同に、つまりは日本の神の微妙なあり方に由来するものだといえる。こうした混同や揺れは、日本神話のあり方にもあらわれており、最近では、佐藤正英（一九三六〜）が、『古事記』神話を、祭祀を行う人の物語として読み解くことを試みている（「祀りを行なうひとびとの物語」『現代思想』20巻4号など）。神を祭るための道具それ自体が神として祭られたり、海や山そのものをご神体として神社に祭るといったことも、皆、神がもともとそれとして固定しがたい、一回的な「可畏き」出会いとして経験されたことに由来するのである。繰り返しになるが、神は、普段の猫と妖異をあらわす猫との「差」ないし「反転」の中にこそ潜んでいる。そして、このズレや反転は、神のとらえがたさやさまざまな混同の生ずるところであると同時に、神についての反省的な思索、すなわち「神道」の発する原点ともなるのである。

朔太郎の『猫町』が示唆しているのは、風景の裏側をかいま見る経験のありようの中にこそ、日本の神を考えていく最初の手がかりがあるということである。朔太郎は、「形而上の実在世界は、景色の裏側にあるのか表にあるのか」という謎を提示していた。壁に掛かった油絵の裏側を覗いてみたという詩人の夢想は、おそらくは神道なるものの発生地点を直観している。

私たちの眼前に、普段通りの変わらぬたたずまいを見せている山や川。そこで営まれる、働き、子を育て、食べ、休息する、私たちの当たり前の暮らし。見慣れた景色と当たり前の暮らしを、私たちは変わることのない自分たちの世界のありようであると信じている。私たちは、普段、そうした見慣れた日常を、あらためてそれが何であるかと問うことはない。しかし、神はある日突然に出現する。景色は一変し、私たちの生は動揺する。一変した風景が元に戻り、私たちが「記憶と常識」とを回復するまでの時間こそが、私たちの神の経験である。この神の経験は、私たちが普段何気なく送っている生や、取り立てて意識することのなかった日常の風景を、今や失われてしまったものとして、また、一刻も早く取り戻されるべきものとして、意識的に問い直していく契機となる。知らぬまに道を失っていた「迷ひ子」の私たちは、あらためて、道を尋ね求めるのである。神道とは、根源的には、神という一つの事件をきっかけに、私たちが歩いてきた道、これから歩いていくべき道を探求することに他ならない。
神は、来《きた》って去るまでの時間として、その時間を埋める営みの持続として、経験される。この営みが、神を迎え、送る過程たる祭祀の原型である。この営みが意識的に反復され、辿り直されることの繰り返しの内に、祭祀は次第に固定した一つの形を持つに至ったと考えられる。祭祀は神の経験として生きられた時間の「形」であるといってよい。直接それとしてとらえることのできない神は、生きられた時間の形である祭祀によって、それとして固定されとらえられるのである。そして、この意識的に辿られた神の経験、すなわち祭祀を、反省的に見つめ直すところに、さまざまな神道教説の発してくる根源があったと考えられるのである。

**神道をどうとらえるか**

よく、神道は教義のない不思議な宗教であるといわれる。確かに、現在の日本の神社の大半が所属する宗教法人神社本庁、いわゆる神社神道には、定まった教義や教典は存在しない。もちろん、イエス（前四頃〜二八）や釈尊（前四六三？〜前三八三？）などのような人格的存在の言行をもとに成立した創唱宗教ではない神道が、教義・教典を持たないのは当然であるという見方もできよう。しかし、発生に教えがともなっていないということは、後に積み重ねられた信心の事実の中から教えが作られていくことを排除するものではない。実際、明治以前には、それを教義と呼んでもおかしくないさまざまな神道教説が存在していたのである。

現在の神社神道が教義を持たないということには、神道を宗教ではなく国家の祭祀として位置づけた、いわゆる国家神道時代からのさまざまないきさつが関係している。現在でも神社神道内部には、教義は不要であるとして政教分離以前の体制の回復をめざす考え方と、教義を整備して一つの宗教として生きていく道を求めようとする考え方が、二つながら並存していると見られる。

神社神道がどのような道を選ぶのか、あるいは選ぶべきかということは、神社神道自身の問題であって、本書の関知することではない。ただ、注意しておかなければならないのは、現在の神道界に根強く存する次のような考え方、すなわち、神道は民族の生活そのものであるから、取り立ててそれを対象化する必要はなく、したがって教義は不要であるとする論理である。神道に教義がないことを説明するために、しばしば用いられるこの論法は、本書の論述とも密接に関わる部分がある。

神道は神とともに生きられた道であって、それを反省的にとらえ直す必要はないし、また反省的にとらえられたこともなかったとするこの論法の淵源は、本居宣長の次のような考えにある。

儒学者たちは、わが国には仁義礼智のような体系立った教えがないと軽蔑するが、中国は、みだりがわしい国だったので、理屈をこねた教えを作らなければ治まらなかったまでのことである。わが国は、そういう人智によるこしらえごとがなくとも、神の御心のままに道が実現し世の中が治まってきたのだから、体系的な道の教えがないということは、かえって道が実現していたことを証拠立てているのである。宣長は、『直毘霊《なおびのみたま》』などの中でこのように主張する。

宣長の有名なテーゼ、「実《まこと》は道あるが故に道てふ言《こと》なく、道てふことなけれど、道ありしなりけり」（『直毘霊』）に収斂される「言《こと》挙《あ》げ」なき道の論法は、近代の神道界で本居派が大きな勢力を占めたという事情もあって、神道を諸宗教に超越した地位におし上げようとするイデオロギーの重要な根拠とされてきた。確かに、宣長のこの考え方は、すでに見てきたような神のとらえ難いあり方の一面を鋭く言い当てているようにも見える。しかし、宣長のこのテーゼを、宣長が神を反省的にとらえること一般を不可能とした、あるいは否定した言辞であると見るのは、実は大きな誤解である。宣長の思想を扱う箇所で詳しく見るように、宣長自身は神や神の道を言葉でとらえること自体を否定してはいないのである。彼は、体系的な道理（たとえばヨーロッパの体系的哲学をイメージしてみるとよい）という仕方での神のとらえ方を否定しただけであって、決してそれ以上ではない。

宣長の言うように、また多くの神道家、神道研究者が考えているように、生きられた時間としてのみあらわになる神は、通常の言葉ではまことにとらえがたい。魅惑と不安、緊張と期待として、経験される時間そのものは、それ自体では定まった形を持たないからである。その経験は、たとえば萩原朔太郎のようなすぐれた詩人の直観によって、はじめてそれとして確かめうる一つの形を与えられる。

『猫町』では、道を失い、再び道を取り戻すまでの時間が詳細に語られている。反転した世界から、再び「私」は「記憶と常識」を回復する。だが、反転した世界、あるいは転倒し錯覚した「私」の意識は、どのようにして再び反転するのであろうか。このプロセスをそれとして取り出し、はっきりした形をもって俎上に載せることができれば、それは、神をそれとしてとらえる神道教説の原型となるにちがいないのである。

異様に美しい町や、猫ばかりの住む町が現出したのが予測できない偶然であったように、日常世界への回帰も、おそらくは些細な偶然による他はないであろう。『猫町』の「私」の場合、最初に迷子になった時に、記憶を取り戻すきっかけとなったのは、ある商店の看板の絵であったとされている。「その全く同じ看板の絵を、かつて何所かで見たことがあると思つた」その時、すべての方角が逆転したのである。しかし、猫ばかりの住む町が出現した際には、それが何をきっかけに再び反転したのかは、何も示されていない。けれども、注意して『猫町』のストーリーを追っていけば誰にでもわかるように、猫の町に出会い、そこから再びありふれた田舎町を見いだすまでの経験は、その前段で語られる不思議な散歩で出会った美しい町の経験の繰り返しとなっている。「私」がかつて景色の反転を経験したことが、猫の町の経験の伏線となっているのである。猫の町に直面した「私」は、同じ事態を実はかつて経験していたわけである。

猫の群れを見たとき、「私」はおそらく無意識のうちに、これが反転した世界であることを知っていた。ちょうど、夢を見ている人が、どこかで「これは夢なのである」とわかっているように。だから、このとき「私」は、今眼前に展開しているのが転倒した世界であるとみずからに言い聞かせたに違いない。金縛りや悪夢に襲われた人が、必死で「これは金縛りだ」「これは悪夢だ」とみずからに言い聞かせるように、「私」は、「たしかに今、私の頭脳はどうかして居る。自分は幻影を見て居るのだ」（『猫町』）とつぶやきつづけたのだ。これは悪夢だというつぶやきは、かつての悪夢の経験の反芻である。これは悪夢だと言い聞かせることができるためには、その人にかつて悪夢に襲われ、そしてそこから醒めた経験がなければならない。そうして、世界が裏返しになり、再び表に返った経験を反復する中で、その経験の中にあった何かはわからないきっかけによって、猫の町は再び見慣れた北陸のある町に戻ったのである。

すでに述べたように、この反転、再反転の経験こそが、おそらくは神を祭ることの原型をなしている。そして、この経験を身体的所作や言葉によって意識的に繰り返すことが、祭祀儀礼や神話を生み出したのであろう。これは幻影だという必死の叫びあるいはつぶやきは、また、世界を回転させる呪的詞章の起源をも暗示する。萩原朔太郎の『猫町』は、近代の詩人の夢想が想起した日本神話の一つの形なのである。

これから取りあげていく神道のさまざまな教説が主題としていることがらは、一つ残らず『猫町』の「私」の経験の中で提示されているといってもよい。世界の反転、異形でありつつしかも同一であることの意味、そうした経験において人が見たもの、聞いたこと、感じ思ったこと、それらの一つ一つが、神道の教説の深い主題となっているのである。

専門に神を祭っている人々の間から生まれた、わが国で最初のまとまった神道教説である伊勢神道は、まさにそうした神とともにある経験たる祭祀の反省を通してでき上がってきた。後にさまざまな神道説を生み出す母胎となった伊勢神道は、古くから反復されてきたことの解釈として生まれた。その意味でこれは、全く新しく創唱されたものであるよりは、すでに人々が古くから神さまとの付き合いの中で知っていたことがらを、あらためて明確に言葉にしたものにすぎないともいえる。しかし、無自覚なものを言葉として取り出すこと自体には、思いのほか大きな意味がある。というよりも、むしろ思想とは本来的にそういうものなのである。

伊勢神道の教説は、さまざまなことを語っている。それらは、祭る者のあり方を意識的にとらえようとしたことで、後の神道思想のあり方を方向づける重要な指標を示していると同時に、神道教説そのものの発生構造をもよく体現している。これまで述べてきたような、神道についての予備的イメージを手がかりに、次章以下では、この伊勢神道教説が私たちに語りかけてくるものが何であるのかを見ていくことにしよう。

## 本書に登場する主な祭神

| 祭神 | 神社 |
|---|---|
| 天照大神 | 皇居の賢所　皇大神宮　金鑽神社　各地の神明社 |
| 豊受大神 | 豊受大神宮 |
| 国常立尊 | 日枝神社（東京）　加波山神社　玉置神社（奈良、北海道） |
| 天御中主神 | 千葉神社　各地の妙見社 |
| 思兼神 | 秩父神社　戸隠中社 |
| 天児屋命 | 枚岡神社　春日神社　大原野神社　吉田神社 |
| 武甕槌神 | 鹿島神宮　春日神社　枚岡神社　大原野神社　吉田神社 |
| 経津主神 | 香取神宮　一之宮貫前神社 |
| 猿田彦大神 | 猿田彦神社　伏見稲荷大社　田村神社　椿大神社 |
| 伊邪那岐神 | →伊奘諾神社 |
| 伊邪那美神 | →各地の熊野神社 |
| 伊邪那岐神・伊邪那美神 | 多賀大社　三峯神社　伊佐須美神社　伊豆山神社 |
| 高皇産霊神・神皇産霊神 | 皇居の神殿　安達太良神社 |
| 須佐之男命 | 氷川神社　八坂神社　津島神社　日御碕神社　剣神社　各地の祇園社 |
| 火之迦具土命（火神） | 各地の愛宕神社　秋葉神社　榛名神社 |
| 大国主命（大己貴命） | 出雲大社　気多神社　大洗磯前神社　伊和神社　武蔵御嶽神社（東京・青梅）　御嶽神社（木曽）　神田神社（東京）　大神山神社　大国魂神社（東京） |

本書でとりあげた主な神さまが、どの神社でお祭りされているかを示した。

# 第二章　神道教説の発生

## 二つの大神宮

伊勢神宮に参拝したことのある人なら誰でも、内宮《ないくう》と外宮《げくう》という二つの大きなお宮があわせて伊勢神宮と呼ばれていることをご存知であろう。伊勢の市街からやや離れた五十鈴川のほとり、神路山の麓に鎮座する内宮は、皇太神宮《こうたいじんぐう》といって、天皇家の祖先神（皇祖神）である天照大神《あまてらすおおみかみ》をお祭りする。一方、伊勢市や宇治山田の駅からほど近い平坦地の鬱蒼たる森に鎮まる外宮は、一名を度会《わたらい》の宮、正式には豊受《とようけ》大神宮といい、天照大神の食事を司る神（御饌都神《みけつかみ》）といわれる豊受大御神《とようけおおみかみ》が祭られている。この二つの宮をあわせて二所大神宮、あるいは単に神宮と呼びならわしているのだが、これから述べていく伊勢神道の教説の発生には、神宮が二つのお宮から成るという事実がきわめて大きな意味を持ってくる。

二所大神宮の歴史的な起源については、多くのことが今も不明である。天皇家の祖先神がなぜ伊勢の地に祭られているのか、また両宮はどちらが先にできたのか、両宮は元来どういう関係にあったのかなど、わからない点が多い。

『日本書紀』によれば、内宮の起源は、第十一代垂仁天皇二十五年三月、垂仁天皇の皇女倭姫命《やまとひめのみこと》が天照大神の託宣にもとづいて、伊勢の地にその神霊（鏡）を祭ったのに始まるという。『書紀』の記す伝承によれば、天照大神の孫にあたる瓊々杵尊《ににぎのみこと》（鹿児島県の霧島神宮の祭神）がこの国土の統治者として高天原から天降《あまくだ》った際（天孫降臨《てんそんこうりん》）に、天照大神は自身の神霊である鏡を瓊々杵尊に渡し、常にこれを宮中に祭るように命じた。しかし、第十代崇神天皇の時代に、「其《そ》の神の勢《いきほひ》を畏《おそ》れて共に住みたまふに安からず」という理由で、この鏡は宮中から外に出された。神鏡は、大和・近江・美濃の諸国を転々としたのち、倭姫命によって現在の五十鈴川上の地に遷座された。これが内宮鎮座の起源であるという。

この内宮鎮座伝承は、年紀等に若干の異同はあるが、『古語拾遺』『倭姫命世記《やまとひめのみことせいき》』にもほぼ同様の記述がある。しかしながら、もう一つの大神宮である外宮の鎮座に関しては、『日本書紀』や律令の神祇規定などの公的な文献には記述が見当たらない。わずかに、『古事記』が、天孫降臨の記事の中で、唐突に「次に登由宇気の神、こは外つ宮の度相《わたらひ》にます神なり」という一文を伝えるのみである。外宮の鎮座については、外宮関係の儀礼・伝承を記した『止由気宮儀式帳《とゆけのみや》』や、後にみる、やはり外宮が深い関わりを持つ「神道五部書」等の記述による他はないが、それらによれば、外宮の祭神は、第二十一代雄略天皇の時代に、天照大神の夢告にしたがって、丹波国から迎え奉ったとされている。しかし、『書紀』の「雄略紀」にはその記述はない。

最近の研究では、むしろもともと外宮の方が先に伊勢の地に祭られており、後に大和政権の勢力拡大にともなって内宮がこの地に進出してきたのだともいわれている。しかし、なぜあの地に、あのような形で二宮が並び立つようになったのか、その詳細は今も不明という他はない。

さて、この二つの神宮の相互関係はというと、律令の神祇制度では一応内宮の方が格上という扱いを受けていた。たとえば、内宮禰宜《ねぎ》の位階は従七位相当であるに対し、外宮は従八位である。しかし、中世以降明治に至るまで、幅広い階層の伊勢参宮の需要を満たして、経済的にも信仰的にも大きな力を持っていたのは、むしろ外宮のほうであった。

伊勢神道の教説は、外宮の神職の間から生まれた。それは、このように、力はあるが格は下の外宮側が、自分たちの祭神の地位向上を意図して作り上げたものであるともいわれている。その真偽はともかく、最初の神道教説が、外宮の側から内宮を意識しつつ生みだされたという点は注目に値する。

**神道五部書**

神道についての理論の発生は、おおむね平安時代に始まると考えられる。初期の神道論は、主に、在来の神を祭るありようと、新たに定着した仏教との関係をどのようにとらえるかという問題をめぐって展開された。習合《しゅうごう》神道と呼ばれるそうした神道教説は、すでに高度の理論体系と完成された儀礼を持っていた仏教の側から、わが国の神を祭る現実を位置づけるという形で形成され、その担い手も基本的には仏教側の人々であった。これに対して、神を祭っている現実の内部から、すなわち実際に神に奉仕する神職たちの現場から生まれた神道教説は、鎌倉時代に外宮の神職たちが唱えた伊勢神道が最初のものである。この神道は、外宮神道とも度会《わたらい》神道とも呼ばれる。そして、伊勢神道の根本教典とみなされるのが、神道五部書と呼びならわされる一連の書物である。

神道五部書といっても、今日ではごく一部の専門家以外は、ほとんど耳にすることのない名称であろう。しかし、この五部書こそは、中世から近世にかけて、長らく神道界の最も重要な教典とされ、さまざまな神道教説の中核を形成した書物であった。伊勢においては特に神聖視され、神職でも六十歳未満の者は見ることを許されず、また「禁河の書」と称して、宮川（伊勢市北方より伊勢湾に注ぐ川）より外に出すことを禁じたという。五部書は、近世中期以降、吉見幸和《ゆきかず》（一六七三〜一七六二）らのテキスト批判を受けて偽書と断定され、その威光はかなり薄らいでしまっている。しかし、たとえ偽書であっても、それが神道思想の形成に果たした役割の重要性を否定することはできない。

さて、問題の五部書とは、『天照坐伊勢二所皇太神宮御鎮座次第記《あまてらしますいせにしょこうたいじんぐうごちんざしだいき》』『伊勢二所皇太神御鎮座伝記』『豊受皇太神御鎮座本紀』『倭姫命世記』『造《ぞう》伊勢二所太神宮宝基本記《ほうきほんぎ》』の五つの書物の総称である（以下、『倭姫命世記』のほかは、それぞれ『御鎮座次第記』『御鎮座伝記』『御鎮座本紀』『宝基本記』と略称する。また本文は『度会神道大成』前篇による)。

五部書の成立年次については多くの研究があるが、確たる説は定まっていない。本書の問題関心からすれば、要するに、五部書の成立に外宮関係者が関わっていたとみられること、また度会行忠(一二三六〜一三〇五)撰の『神名秘書』にその名が見られることから、おおむね鎌倉時代後期には五部書が存在していたこと、この二点が確認できれば、さしあたって十分である。

では、この五部書とは、一体どのようなことを記した書物なのであろうか。

まず、『御鎮座次第記』。前半は内宮の祭神天照大神が、五十鈴川上に鎮座するまでのいきさつと、相殿神《あいどの》(主たる祭神と同じ神殿に祭られている他の神)二座、および別宮の荒祭宮の祭神の名称と神体についての記述から成る。後半は、外宮の祭神豊受大神の由来と、伊勢の山田原の地に鎮座するまでの経緯、および相殿神と別宮多賀宮の祭神の名称・神体について記される。要するに『次第記』の記事の眼目は、伊勢の地に現に祭られている神の由来とその祭祀の起源を明らかにするところにある。その際、天照大神についての記述は、基本的に正史である『日本書紀』の内容に沿っているのだが、正史に記述のない豊受大神については独自の伝承が述べられている。つまり、表の歴史にある皇祖神についての伝承と並列させる形で、正史にはない豊受大神の記述が付加されているという体裁を持っている。この豊受大神についての記述は、外宮の格上げのために捏造されたものだとも言われてきたが、現在では、むしろそれは散逸してしまった伊勢神宮内部の古伝承を断片的に伝えるものだともいわれている。いずれにしても、『次第記』の叙述の基本構造が、正史の神代史に、正史にはない豊受大神の記事を並行させて補う形になっていることがまず注目すべき点である。わかりやすくいえば、『次第記』は、正史に載せるいわば表の歴史に、正史にはない独自の裏の歴史を貼り合わせる形でできあがっているのである。

『御鎮座伝記』は、『次第記』よりは分量がやや厚く叙述も詳細であるが、両宮鎮座の由来・起源、神格・神体について述べる主題は基本的に同一である。本書独自の特色としては、冒頭に猿《さる》田《た》彦《ひこ》大神《おおかみ》の託宣を載せ、また内宮鎮座に際して猿田彦大神の子孫太田命《おおたのみこと》が倭姫命を迎え奉ったとされるなど、内宮鎮座に猿田彦大神が重要な働きをしたことが示される点があげられる。猿田彦大神は、『鉄腕アトム』などで知られる漫画家手《て》塚《づか》治《おさ》虫《む》（一九二八〜八九）の大作『火の鳥』の中で重要な狂言回しの役を演じているが、神道界においても、日本神話を代表する特異な容貌と個性的な事跡を持つ神として人気が高い。後に見る垂加神道の教説では、この神を神道の教祖神として重視している。

『御鎮座本紀』は、天地開闢より両宮鎮座に至る経緯を述べるほか、天照大神の託宣の形で豊受大神の神徳、両宮の儀礼、神宝・神領・心御柱《しんのみはしら》（正殿の床下に建てる柱）など具体的事物についての記事を多く載せる。本書は、天地開闢を豊受大神より説き起こしている点に特色がある。また、『倭姫命世記』は、同様に両宮起源について述べるが、とくに崇神・垂仁朝の倭姫命の事跡について詳しい。最後に『宝基本記』は、その名の通り「宝基」すなわち神の社についての記述が多くを占める。また神道の忌詞《いみことば》や禁忌、神宮境内における巫《ふ》覡《げき》の禁断などのほか、仏教や老荘思想の概念を借りて述べられる神道の定義めいた文言も見られる。

以上の概観から察せられるように、神道五部書は、現に二つの神宮が存在し、そこで神が祭られているという現実を、その起源にさかのぼって歴史的に解き明かそうとした書物である。いいかえれば、伊勢の神職たちが、自分たちが神を祭っているという事実を、つまり自分たちが現に経験している神とともにあることを、神宮鎮座の歴史を通してとらえようとしたものなのである。

神道五部書は、伊勢の神職たちによる、神の経験の解釈である。この解釈は、萩原朔太郎の『猫町』のような詩人の直観としてではなく、また神をめぐる哲学的な考察でもなく、神宮鎮座の物語という一つの歴史の形をとっている。五部書は、歴史という方法による神の解釈、すなわち歴史という形の神道教義なのである。

## 天皇系譜の裏ルート

このように、伊勢神道の教説は、外宮の神職たちの間から生まれてきた。その際、彼らの考察の出発点として与えられていたのは、伊勢神宮に豊受大神が祭られているという事実であった。豊受大神が天照大神と一組の切り離すことのできない関係にあること、そして天照大神は天皇家の祖先神であること、この二つが、彼らが神を考える際のはずすことのできない大前提を成していた。天照大神・天皇と豊受大神との、いわば二にして一の関係が、彼らの説明すべき世界の現状なのであった。そしてこのことはまた、外宮から発生した神道の方法や方向を大きく決定づける要因としても働いていたのである。

もし人が自分たちの祭っている神や、自分が出会った神について何ごとかを語ろうと考えたとき、その神が他の神とは無関係な自分たちだけのものであったなら、それについてどのようなことを語ることも可能であり、またそこには何の問題も起こらないであろう。しかし、外宮の祭神の場合には、そのようなわけにはいかないのである。というのも、豊受大神は、古くから天照大神とある特定の関係を持ちつつ祭られてきており、しかも皇祖神天照大神については、国の正史をはじめとする公的な記録の権威によってその位置づけが定められているからである。そしてまた、同じようなことは、わが国の主だった名のある神々すべてについて当てはまる。わが国においては、どのような神であれ、それを神としてとらえ直そうとするときには、何らかの形で天照大神との、つまりは天皇との関係に言及せざるをえないような仕組みになっている。わが国の神々の世界は、古くから、皇祖神・天皇のもとに統一されているのであり、そのことを公的に表現するものが『日本書紀』神代巻なのである。

それゆえ、伊勢神道においては（のみならず中近世神道説のすべてが）、その教説は『書紀』の記述と矛盾しないことを第一の条件として求められることになる。五部書の記述が、内宮の鎮座史においては基本的に『書紀』の記載と一致しているのはそのことを意味している。『書紀』の記述が動かせない前提となるとすると、豊受大神の理解を核とする神道説は、表向きの筋立ての背後に付会された、いわば裏の筋立てとして展開されることになる。神道は、この裏ルートが肥大化する形でその教説を発展させていくのである。

問題は、『書紀』の記述の裏側のルートをどのように発見し、貼り合わせるかということである。いかに牽強付会の説とはいえ、全く無関係なものを何の理由もなく付加することはできない。それが確かに『書紀』の記述の背後にあると納得させるためには、何らかの根拠がなくてはならないからである。

## 幽契の構造

伊勢神道の教説は、内宮との関係のとり方から神道が発生するという構造を示している。いいかえれば、皇祖神・天皇という軸からの距離ないし分節という形で、神道の教説が生じてくるということである。この構造は、実は、中世神道諸説のみならず、習合神道や近世の復古神道にも基本的に通じるものである。そして、これら教説固有の内容は、この天皇との分節のあり方をどのような形でとらえるかということによって決定されてくると考えられる。五部書に拠る神道説の場合、この点で大きな意味を持ってくるのは、「幽契《かくれたるちぎり》」という考え方である。幽契とは、天地開闢の悠久の昔に、天照大神と豊受大神とがとり結んだとされる約束のことである。この約束にもとづいて今日の世界の形が定められたというのである。

一般に、世界を説明するということは、この複雑で多様な現実のありさまを、多でありつつしかし全体としては一であるものとして説き明かすことである。一なるものがどのように分節して多様な現状をあらわしているかを筋道立てて説明することが、世界を理解する一つの基本である。五部書が前提している世界の多様なる現実は、つきつめていけば、内宮(天皇)と外宮(神)があるという二分節構造として把握できる。そして、この根源的分節を統一する論理として見いだされているのが、天照大神と豊受大神の幽契なのである。

「幽契」の話は、文脈はやや異なるが、早くは平安時代に忌部氏の伝承をまとめて撰上された『古語拾遺』の中に見られる。天孫降臨の際に道案内を務めた猿田彦大神は、伊勢国の五十鈴川上の地に赴き、のちに天照大神はその地に迎えられることになったが、これらは「天上に在《まし》ますときに、予め幽《かく》れたる契《ちぎり》を結」んだ結果だという記述である。五部書では、『宝基本記』以外の四書に幽契のことが記される。そのうち、『御鎮座次第記』『御鎮座伝記』『倭姫命世記』は、ほぼ次のような文言を伝える。

> 天地開闢の初め、神宝日出之時《かんだからいでますのとき》、御饌都《みけつ》神・天御中主尊《あまのみなかぬしのみこと》と大日孁貴《おおひるめのむち》・天照太神と二柱の大御神、予め幽契《かくれたるちぎり》を結び、永《ひたぶる》に天下を治め、或いは日となり或いは月となり、永く懸りて落ちず。或いは神となり或いは皇となり、常以て窮《きわ》まりなし。光華の明彩、六合《くに》の内に照らし徹《とお》す。（『御鎮座伝記』の文による）

三書の文言には多少の異同があるが、『伝記』が最も詳しい形をとっている。そしていずれも、この幽契に引きつづいて天孫降臨の話が始まるつながりになっている。

この幽契の説話が示しているのは、世界の一番根本的なありようは、豊受大神（御饌都神・天御中主尊）と天照大神との顕《あら》わならざる（幽《かすか》なる）約束によって決定されているということである。その約束は、一方が日（天照大神）となり、一方が月（豊受大神は、五部書では水徳の月神とされる）となることによって世界の形を永久に定め、天皇と神とが表裏一体となった統治体制によって永遠に天下を保つという内容である。この約束が発動するとき、世界のかくのごとくある形が定まる。その発動の最初が、天孫降臨である。そして、世界が幽契のプログラムに基づく最終形態を確定するのが、内外両宮が鎮座したときである。『御鎮座本紀』では、崇神天皇三十九年に、「止由気之《とゆけの》皇太神、幽契を結び天降ります」と記される。内宮鎮座につづいて、豊受大神が幽契にもとづいて天降り、外宮に鎮座することで、天地開闢の初めの約束は果たされ、現にあるこの世界は完成したのである。

天照大神と豊受大神との間に交わされた幽契は、いわばこの世界を成り立たせる原動力ともいうべきものである。しかし、幽契説話は『書紀』のどこにも記されておらず、そもそも、天孫降臨に至る神話の中には豊受大神の名すらも登場してこない。伊勢神道は一体どのようにして、こうした世界の隠された意味を根拠づけているのであろうか。

そのことを示すのが、豊受大神が天御中主尊と同一であるとする、いわゆる「同体異名」説である。日本神話の神々は、しばしば多くの別名を持つことを特徴とするが、この同体異名説もそうした伝統的観念に裏打ちされたアイデアであると考えられる。五部書では、水と穀物を司る豊受大神を、中世の『書紀』理解で一般に水の神とされている天御中主尊(御中主《みなかぬし》は水中主《みなかぬし》に通じる)と結びつける。天御中主尊は、『古事記』や、『書紀』の異伝承(第一段一書第四)では天地の初めの神とされ、国常立尊《くにのとこたちのみこと》と並び立つ位置を占めている。

つまり、天照大神と豊受大神が並び立つ伊勢神宮の現状を過去にさかのぼらせたとき、天照大神の祖である国常立尊と並び立つ天御中主尊は、豊受大神の根元たるにふさわしいものとみなされるのである。ここから、『書紀』本文には記されていなくとも、豊受大神は、実際には天地の初めから別の名のもとに存在していたのだという主張が引き出されてくるわけである。のみならず、伊勢神道では、天地の初めに並立する国常立尊と天御中主尊もまた同体異名なのだと考える。これはいずれも最初にあらわれた一神の別名なのだというのである。

同体異名説を前提として、幽契の実現の流れを追っていくと、それは世界の発生についての一つの統一的な説明をあらわすものと見ることができる。

天地の初め、世界は卵の中味のような混沌不定の一つのものであった。この混沌そのものが国常立尊である。この混沌はやがて、分化・発展を開始し、次第に世界が形づくられてくる。この分化・発展の動力となるのが、天照大神と、天御中主尊と同体異名の豊受大神との間の幽契なのである。

開闢の初め、国常立尊直系の天照大神と天御中主尊とが、いまだ顕わにならない契りを秘めつつ、世界をかくあらしめる一体の原動力として存在していた。この「天照太神、天御中主神、天の御量言《みはかりごと》を以て」(『伝記』)、最初に発動する世界の分節が、神と天皇の分節で

幽契の世界観

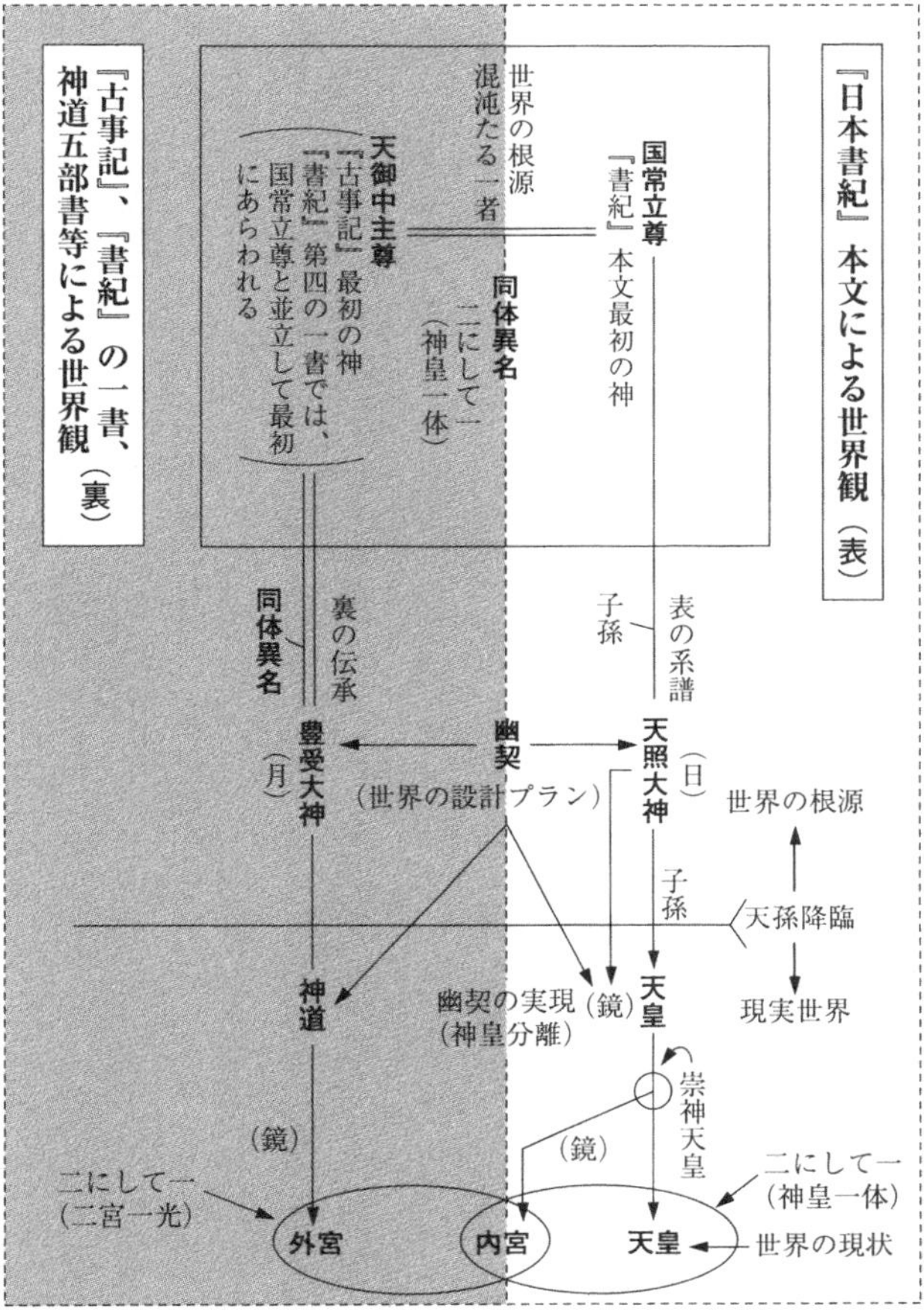


日本神話の伝承の異同をもとに、内宮・外宮の並立関係から世界の二元構造を引き出している。

ある天孫降臨である。始源の混沌は、天上に神、地上に天皇という「二」へと動き出す。幽契の結ばれた「神宝日出之時」は、開闢の初め全体を指すとも考えられるが、特に限定するなら、「三種の宝物（いわゆる三種の神器）」（『伝記』）が用意された天孫降臨の時点であると見ることも可能であろう。五部書においては、天孫降臨の時点こそが、現にある世界の根本的なあり方が確定した特異な時を担っているからである。

幽契のプログラムは、根源的には一であるところの神さまと天皇の分離という方位をとって進行する。しかし、天孫降臨の時点における分離は、いまだ完全なものではない。なぜなら、皇孫瓊々杵尊には、天照大神の神霊である鏡がそえられているからである。第十代崇神天皇に至るまで、この鏡は宮中に天皇とともにある（いわゆる同床共殿）。この鏡が宮中を離れ、幽契に導かれて伊勢に鎮座し、後れてこれまた幽契によって豊受大神が天降り、その神体（これも鏡である）もまた伊勢に鎮まったいきさつはすでに述べた通りである。

こうして完成された世界のあり方は、地理的には、都に天皇、伊勢に神という二元構造をとっており、さらに伊勢の内部では、内宮に天照大神、外宮に豊受大神というもう一つの二元構造を示している。このように二でありつつ、しかし天皇と天照大神は系譜的に一体であり、そのことを確かめるかのように宮中には内宮に鎮まる鏡のコピー（内侍所の鏡）が残されている。さらに、天照大神、豊受大神は、別々ではあるが同じ場所に祭られている。

五部書の記す歴史は、元初の幽契を、このような二にして一、一にして二という構造として表わしているのである（六一ページ図参照）。

『宝基本記』の中に、「神道は則《すなわ》ち混沌の堺を出《い》で、混沌の始に帰（守）る」という文言がある。神と天皇とが一であった根源から、神と天皇の分節構造があらわれ、しかしそれは二にして一であるという形而上学的な構造は、この言葉によく象徴されている。この一にして二、二にして一を体現することが、五部書における（のみならず中世神道説すべての）神道の根本である。いいかえれば、天皇との同と異、近さと距離の中に、すなわち、天皇を接点としつつ対峙するものの内に神と神道はあるということなのである。

さて、五部書の示すこうした世界のとらえ方は、具体的には何を意味し、どういうことを導き出すものなのであろうか。とりあえずいえることは、ともかくも神道が、天照大神・天皇という軸と、ある種不即不離の微妙な緊張関係において生じているということである。この緊張関係の内実がどのようなものであったのかは、章をあらためて見ていくことにしたい。

# 第二章　神国日本

## 日本は何の国?

伊勢神道の教説が、その考察の出発点に置いた与件は、一言でいえば天皇と神社があるという事実であった。神道五部書が探り当てた世界の構造は、したがって、世界というよりは「日本」という境域の一つのありようについての説明である。外宮神職たちが、自分たちの生きているこの現実を探究の端初においたことは、その神道説の覆うことのできる範囲が、さしあたり天皇と神社の伝統を負った「日本」という広がりに限定されていることを意味する。しかし、それは限界であると同時に、伊勢神道独自の特色を発揮する基盤ともなる。というのも、五部書的世界が神を祭る伝統を持つこの国を、知らず知らずの内に一つの形而上学的世界観で把握していたということは、それまで長い間慣用されてきた一つの概念に、明確かつ根底的な意味づけを与えるきっかけとなったからである。その概念とは、さまざまな形で有名な「神国」、つまり日本は神の国であるという理解である。

日本という国が、八百万の神を祭る長い伝統を背負っていることは、明治時代にラフカディオ・ハーン（小泉八雲、一八五〇～一九〇四）の『日本』（"Japan-An Interpretation"）によって紹介されて以来、欧米諸国でも広く知られるようになった。このハーンの『日本』は、長い間『神国』あるいは『神国日本』の別名で知られてきた。このことがまた、近代において神国の語を再び流布させる一つのきっかけとなったものと思われる。神国の語は、初版本の扉に用いられた、小泉家の書生の手になる毛筆の日本文字に由来するが、この書の内容にもふさわしいものと見られたことから、広く本書の代名詞となったのである。とはいえ、神国の名称は、決して小泉家の一書生の発案になるものではない。今日、たとえばアメリカ合衆国が「自由の国」と呼ばれ、またある国は「情熱の国」「森と湖の国」として通っているように、「神国」は千年近くにわたって、日本をあらわすよく知られた代名詞だったのである。

**「神国」の用例**

文献の上では、「神国」の語は、『日本書紀』のいわゆる神功皇后の新羅征討物語の中で初めてあらわれる。日本の兵船を見たときの新羅王の言葉として、次のようなことが伝えられる。

吾聞く、東《ひがしのかた》に神国あり。日本と謂《い》ふ。また聖王《ひじりのきみ》あり。天皇と謂ふ。必ず其の国の神《み》兵《いくさ》ならむ。あに兵を挙げて距《ふせ》ぐべけんや。(『日本書紀』「神功皇后摂政前紀」仲哀天皇九年十月)

対外戦役の文脈における同様の用法は、平安時代に新羅の兵船の九州沿岸への来襲に際して、朝廷が諸方の神社に奉幣したときの告文《こうもん》の中に見られる。

日本朝は所謂神明の国なり。神明の助け護り賜《たま》はば、何の兵寇《あだ》か近づき来たるべき。
（『三代実録』貞観十一年十二月）

さらに、鎌倉時代以降、神国の語は、各種の文献の中に頻繁にあらわれるようになる。

末代と云《いひ》ながら、さすが天子の御運は、凡夫の思慮にあらず。天照大神、正八幡宮の御計らひなり。吾国辺地粟散《ぞくさん》の界といへども、神国たるに依《よつ》て総じては七千余座の神、殊には三十番神、朝家を守り奉り給ふ。（古活字本『保元物語』「新院御謀叛露顕《しんいんごむほんろけん》并《ならび》に調伏《ちようぶく》の事、附《つけ》たり内府《だいふ》意見の事」）

天照大神の御子孫、国の主として、天児屋根尊《あまのこやねのみこと》の御末、朝の政《まつりごと》を掌《つかさど》らせ給ひしより以来《このかた》、太政大臣の官に至る人の甲冑を鎧《よろ》ふ事、礼儀を背くにあらずや。（中略）猥《みだ》りがはしく法皇を傾け参らさせ給はん事、天照大神、正八幡宮の神慮にも背かせ給ひ候《さふら》ひなんず。それ日本は神国なり。神は非礼を享《う》け給ふべからず。（『平家物語』巻第二「教訓」）

用例はこれら以外にも枚挙にいとまがなく、室町から近世に至るまで「日本は神国」という文句はほとんど定型句として流布している。ただ、そうした多くの用例の中で示される神国の意味合いは必ずしも一定していない。おおよその使われ方は、㈠神の祭祀が優先する国、㈡神が守護する国、㈢神の後裔たる天皇が治める国の三つにまとめられるが、この内の二つないし全部を組み合わせて用いられる場合も多い。たとえば、外来の仏教や儒教について述べるような文脈では㈠や㈡が、内乱や外敵についての記述にかかわる文脈では㈡と㈢が用いられる例が目立つ。また、『平家物語』の引用中にある「神は非礼をうけず」という句（もともとは中国の『論語集解』等に見られる）は、鎌倉時代には一種の慣用句として用いられたようである。

しかしながら、鎌倉時代後半のいわゆる蒙古襲来を契機に、㈡と㈢の組み合わせによる神国の意味づけが目立つようになってくる。それは、日本は天照大神の神裔の治める国であり、神の助けがあるから外敵をよせつけないとするもので、蒙古国の中書省（詔勅、民政などをつかさどる官庁）に宛てたとされる書状（『本朝文集』巻六十七・菅原長成「贈蒙古国中書省牒」）などに示されている考えである。こうした神国のとらえ方は、戦時中のいわゆる「神州不滅」の軍国主義的イデオロギーの遠い背景となっている。昭和二十年（一九四五）十二月に、国家神道解体のために占領軍から出されたいわゆる「神道指令」の指す、「軍国主義的乃至過激ナル国家主義的イデオロギー」とは、次のように定義されている。

(1)日本ノ天皇ハソノ家系、血統、或ハ特殊ナル起源ノ故ニ、他国ノ元首ニ優ルトスル主義

(2)日本ノ国民ハソノ家系、血統、或ハ特殊ナル起源ノ故ニ他国民ニ優ルトスル主義

(3)日本ノ諸島ハ神ニ起源ヲ発スルガ故ニ、或ハ、特殊ナル起源ヲ有スルガ故ニ、他国ニ

優ルトスル主義

(4)ソノ他、日本国民ヲ欺キ侵略戦争ヘ乗リ出サシメ、或ハ、他国民トノ論争ノ解決ノ手段トシテ武力ノ行使ヲ謳歌セシメルニ至ラシムルガ如キ主義

神裔が統治し神が擁護するがゆえに他国よりも優れているとするこの考えは、江戸時代の国学者や神道家たちの間で練り上げられてきたものであるが、その主な根拠をなすものは、『日本書紀』などの対外戦争の文脈で用いられた「神国」の諸用例と、のちに検討する北畠《きたばたけ》親房《ちかふさ》(一二九三〜一三五四)の『神皇正統記《じんのうしょうとうき》』に示された見解である。確かに、「神道指令」の定義に示されるような考え方は、一見すると、神国という語のさまざまな意味合いを矛盾なく統一したもののように見える。その単純明快さゆえに、神国の語は「神風」「神兵」などとともに、戦意高揚をあおる標語として盛んに用いられた。しかしながら、果たしてこのような見方は、千年以上の歴史を持つ神国という語の理解として、本当に適切であるのだろうか。少なくとも、戦中の日本人が考えたような神国観は、蒙古襲来時に高まった神国意識を背景としている。それは、本来激しい威力のある風一般をあらわす古語で、「伊勢」にかかる枕詞として歌の世界の伝統を負う「神風」が、戦時中は特に蒙古軍を壊滅させた暴風に限定されて用いられたのと同様、ある特定の状況による強いバイアスのかかった理解であるといわざるをえない。

神国は、日本の内部にある者が日本をとらえていう言葉である。それは、日本がみずからを把握する、いわば日本の自己意識を表示する。自己意識である以上、日本以外の他国との比較の文脈において、神国が何らかの日本の特異性、それもある優越した特性をあらわすものと理解されるのはある意味で当然でもある。しかし、問題なのはその特異性が、単純に神聖性ゆえの優越性を意味しているのではないということである。

さきに引用した『日本書紀』の記事は、神国であることが、外国に対する単純な優越性を表現した端的な例であるとみなされてきた。当該引用箇所のみを見れば、確かにそのように取られるのも当然のように思われる。しかし、この言葉があらわれる前後の文脈を詳しく見るなら、それが単に日本が神聖な国であるとする主張なのではないことは明らかである。第一章で見たように、そもそも日本の神は、真にして善なる超越者というがごとき単純なものでは決してないからである。

## 神を祭る国

「神功皇后摂政前紀」の中で、神国という言葉は、次のような一連の物語の文脈の中であらわれる。

仲哀天皇が、熊襲《くまそ》（大和政権に従わない九州南部の勢力）の討伐を諸臣に諮《はか》ったときのことである。神功皇后に神がのりうつり次のようなお告げがあった。西の海の彼方に新羅という財宝に満ちた国がある。我（この神）をよく祭るならば、血を流すことなく服属し、同時に熊襲も平定されるであろうと。しかし天皇は神の言葉に疑いを抱き、高い丘に登って海の彼方を眺めたが、ただ海が広がっているばかりで、どこにも国は見えない。

そこで天皇は、歴代天皇はことごとく天の神、地の神を祭り、もれ残った神はいないはずなのに、一体いずれの神が自分を欺くのかと答えた。神は再び皇后に神がかって、天皇が我が言葉を信じないのならば、汝は国を得ることはできまい、ただし現在皇后が懐妊している子が、その国を得るであろうと告げた。ほどなく、仲哀天皇は崩御する。

皇后は、天皇が神の教えに従わずに崩御したことをいたみ、あらわれた神（「祟《たた》る所の神」）の正体を知って「財宝の国」を手に入れようと考えた。皇后みずからが神主となって七日七夜祈ったところ、ついに神があらわれ、過日の神は、天照大神、事代主神《ことしろぬし》、住吉三神であることを告げた。教えのままに神を祭ったところ、さまざまな霊験があったので、皇后は西の国を討つことを決意し、海へ乗り出していった。日本の兵船が海上を埋め尽くすのを見た新羅の王は、戦わずに降伏し、これを知った百済・高麗二国も日本に服属し、朝貢を約した。

歴史的事実がどうであったかは別として、この神功皇后物語の基調は、日本では神を祭ることを根底に置いた政策こそが正しくかつ成功するのであり、神を祭ることをないがしろにする国策は、たとえそれがいかに合理的であっても決して成り立たないということにある。この物語の筋立ての上のポイントは、あるかないかもわからない海の彼方の国に向かって「師《いくさ》を興《おこ》し衆《もろもろ》を動かす」という「国の大事」を発動すべきか否かというところにある。高い丘に登って国が見えなかったために神の言葉を疑う仲哀天皇の判断は、明らかに合理的であり、一方神の教えに従って軍を集める神功皇后の判断は、常識的に考えれば全くの無謀な賭けである。しかし結果は、仲哀天皇は崩御し、神の教えは実現する。ここでは、国の繁栄や平和が実現するのは、人間の力や知恵によってではなく、神を祭ることによってなのだという観念が示されているのである。

こうした思想は、物語として見た場合『日本書紀』に一貫しているものである。たとえば、日本と友好関係にあった百済の聖明王が新羅によって殺され、滅亡の危機に瀕した百済の王子が、蘇我臣《そがのおみ》（名は不詳）に国家安定の方策を尋ねた際、蘇我臣の答えは次のようなものであった。

邦《くに》を建てし神を屈請《つつしみいま》せて、往きて亡びなむとする主を救はば、必ずまさに国家謐靖《しづま》りて、人物やすからむ。（中略）このごろ聞く、汝が国、輟《す》てて祀《まつ》らずと。方《まさ》に今、前の過《あやまり》を悛《あらた》めて悔いて、神の宮を修《つくろ》ひ理《をさ》めて、神の霊《みたま》を祭り奉らば、国昌盛《さか》えぬべし。汝まさに忘るることなかれ。（『日本書紀』欽明天皇十六年二月）

神の国ということの根底には、このような神と人とのある緊張した関係のありようがふまえられている。神は無条件に擁護してくれるわけではないし、神国は単純に神聖な国家ということを意味しているのでもない。神を祭ることの内にある緊張は、ときに天皇の崩御という畏るべき結果をも可能性としてはらんでいるのである。

このような文脈で考えれば、『書紀』編者が新羅王の口を借りて言わしめた神国、神兵という言葉も、単に日本の国力・軍事力の強大さを形容するものではないということが推測される。「あに兵を挙げて距《ふせ》ぐべけんや」という王の言葉は、人間の知恵・力の無効を証してきた一連の流れの締めくくりとして理解されるべきものと考えられるのである。すなわち、それが神であると認定されたものに対しては、日本の内部においてであれ、外部からであれ、人間の知恵・力による応接は無効なのだということである。それは、仲哀天皇の知恵が対抗できなかったのと同じように、人の力の一つである武力によっては対抗できないのである。神を負ったものに対しては、それを迎え祭ること、『書紀』に頻出する別の言い方でいえば、「礼（いやまひ）」によって応ずる以外の仕方は成功しないのである。新羅王が「自ら服」したのは、力による対抗の断念であると同時に、神に対する正しい応接の仕方たる「礼」が取られたということをも意味していよう。もちろんこのことは、実際の史実や当時の新羅の対日観を示したものでないことはいうまでもない。根底にあるのはむしろ、日本人の神に対する態度・接し方なのであり、それが対外関係の文脈においては、外からの日本に対する、あるべき接し方の主張となってあらわれていたのである。ひらたくいえば、日本は神を祭ることで成り立っている国であるから、日本と付き合うには、知恵や武力ではなく、ただ神の祭りをふまえたあり方のみが有効なのだということである。

### 武によっては成りがたし

神国という語の用例にしばしば見られる、武力によっては侵されない国という意味合いは、したがって、戦時下における国防思想的な理解とは裏腹に、むしろ積極的に礼を呼号し、礼によって対される文明的国家であることを主張するものなのである。そのことはまた、強大な先進文明国家中国とその影響下にある東アジア諸国を意識しつつ、新興律令国家日本をいかにそれらと対等の文明的・道義的国家として位置づけうるかに苦心を払った『日本書紀』の、ひいては律令国家日本の自己意識のありようとも対応していると見られるのである。その意味で件の新羅王の言葉は、日本を東方の君子の国ととらえる次のような発言と同じ位相にあるといえよう。
粟田朝臣真人が唐に使いしたとき、一人の唐人が次のように述べたという。「自分はこのように聞いていた。海東に大倭国があり、これを君子の国という。人民は豊かに楽しみ、礼儀が敦《あつ》く行われていると。今、使者の有様を見るに、姿態はまことに清らかである。噂は本当であった」。(『続日本紀』慶雲元年七月一日)
日本が神の国であるということは、それを治め成り立たせるには、人間の知恵・力だけでは足りない何かが必要だということを意味している。その何かとは、一言でいえば祭ることであるが、その内実は単純にはとらえがたい。中世の決まり文句、「神は非礼をうけず」というときの「礼」は、そうした祭ることを中国文明の伝統的概念を借りて表現したものと考えられる。逆にいえば、単純な力をあらわす武力は、神に対するあるべきありようにに相反するものを代表する形で言及されることの方が普通であったのではないかということである。さきに六八ページで引用した『平家物語』の例がそのことをよく示している。
衣の下に鎧が見えているという故事で知られている当該箇所は、平家打倒の陰謀に怒った平清盛(一一一八〜八一)が法皇の御所へ攻め入ろうとするのを、息子の重盛(一一三七〜七九)が諫める場面である。ここで重盛は、国の主である天照大神の子孫を補佐して日本を治める者が「甲冑を鎧ふ事」がそもそも「礼儀に背く」ことであると主張する。ここで神慮に背く非礼とされているのは、法皇の位を臣下が左右することではなく、そのことを武力によって行うことなのである。武力によるだけでは何かが欠けていると感ずる、神国という言葉に秘められたこの独特のニュアンスは、時代は下るが、次のような文章によくあらわれている。

世治まり民直《すなほ》なりしかども、我朝は神国の権柄《けんぺい》武士の手に入り、王道仁政の裁断夷狄《いてき》の眸《まなじり》に懸《かか》りしを（武士のにらみで左右されることを）こそ歎きしか。（『太平記』巻三十五「北野通夜物語の事付《つけ》たり青砥《あをと》左衛門が事」）

日本国は神国にてましませば、もののふのてがらばかりにては成りがたし。是よりも北州に、一つの国有り。（中略）かの内裏に一つの巻物有り。其の名を大日の法と申してかたき事なり。されば、現世にては祈禱の法、後世にては仏道の法なり。この兵法を行ひ給ふ物ならば、日本国は、君の御ままになるべし。（渋川版『御伽草子《おとぎぞうし》』「御曹子島渡《おんぞうししまわたり》」）

こうした発想は、国防的神国思想を端的に示すとされてきた蒙古に対する書状（六九ページ）の中にも見られるものである。この書状でも、「神国である」という規定につづいて、「智を以て競ふべからず、力を以て争ふべからず」という文言が付されているのである。

このように、神国という言葉は、日本という国の神聖性や優越性を直接それとして言いあらわしているものではない。それは、日本という国の微妙な内部構造、すなわち神と人との独特な緊張関係において統一の成り立っている特殊な国情を、第一義的にはあらわしている。この神と人との緊張関係は、天照大神の命によって天皇がこの国を統治することが定められた時点に確定し、それが天皇のある限り続いているのである。万世一系の天皇の統治とは、国柄の優秀性をあらわすものではなく、神国の特異な内部構造の要の位置に、神と人とを媒介する天皇という軸があるということを意味しているのである。

神国という語に示される日本という境域の構造をそれとして根底からとらえたのが、話は戻るが、伊勢神道の教説の一つの功績である。神国という語のさまざまな意味合いを、根底から統一する論理を、象徴的な形であるとはいえ探り当てたのが、伊勢の神道なのであった。伊勢神道が探り当てた神国の深層構造は、伊勢神道を学び、その深い影響を受けた政治家北畠親房によって定式化される。親房は「この国は神国なれば、神道に違《たが》ひては一日も日月を戴《いただ》くまじきいはれなり」(『神皇正統記』)と述べている。神道にのっとることによって、国が国であることを保っている、そのことの内に、神国の本当の姿があるというのである。

## 神の国の真のすがた

北畠親房の『神皇正統記』は、次のような有名な書き出しから始まる。

大日本《おほやまと》は神国なり。天祖《あまつみおや》（国常立尊のこと）はじめて基をひらき、日神《ひのかみ》（天照大神）ながく統を伝給ふ。我国のみ此事《このこと》あり。異朝には其《その》たぐひなし。此故《このゆゑ》に神国と云也《いふなり》。

このくだりは、戦前・戦中のわが国においては、まさに日本が「家系、血統、或ハ特殊ナル起源ノ故ニ」「他国ニ優ルトスル主義」を初めてそれとしてはっきり規定した文言として称揚され、いわゆる皇国至上の考えを端的にあらわすスローガンとみなされてきた。確かに、『日本書紀』神話の伝統を背負うわが国の統治のありようを、「我国のみ此事あり。異朝には其たぐひなし。此故に神国と云也」と定義しきった点は、『神皇正統記』の大きな特徴であるといえる。近世の国学者や、儒学者のある一派の人々は、北畠親房のこの定義を、神の子孫が治めるという神聖性、および王朝の交代がなく国が安定していること、という二つに要約し、それをもって日本が他国に優れていることの根拠とした。親房のいう「異朝には其たぐひなし」は、神国イコール他国に優るという主張として読まれてきたのである。

だが、第一章で見てきたことからもわかるように、神であるということを直ちに神聖なもの、優れたもののイメージに置き換えてしまうのは、日本の神のもつ奇《くす》しく異《あや》しい、底知れぬ豊かな奥行きを、痩せ枯れた抽象へとすり替えてしまうことになる。繰り返しいうように、日本の神は、真にして善なる超越者などという単純なものでは決してない。神は、のどかな田園風景と集中豪雨で泥につかった田畑とが、あるいは愛らしい飼い猫と敵の喉笛に喰いつく化生の猫とが、同じでありつつ異なるという連続と断絶のうちに、いわば景色の反転それ自体としてあらわれている何ものかである。その限りで、神は私たちの日常の道徳の延長上にとらえることはできない。神国イコール他国に対する優越という理解には、神を道徳的な善なるものにみなそうとする近世・近代的な先入見が強く作用しているといわざるをえないのである。

『神皇正統記』の記述を注意して読めば明らかなように、この文言のどこにも、神国であるということは正しく優れていることだとは書いていない。他国よりも優れているとする読みは、神とは正しく優れたものだという先入見から出てくるに過ぎない。そして、北畠親房の考え自体も、神国の優越といった主張とは、おおよそかけはなれたところにあるのである。

では、親房のいう神国の本当の姿とは、一体どのようなものだったのであろうか。

この国の初発のありようを国常立尊が方向づけ、天照大神の命によって天孫が統治するという形でこの国の形は確定した。『正統記』冒頭の語る神国の規定はこのようなものであった。この文言を皇国の尊貴性を説くものと解する読み方は、この箇所を、国家の統治形態のゆるぎなきことが神によって約束・保証されていることを意味するものと読む。それは、王朝が一定しない他国（とくに中国）と比べたときの、わが国の「国体」の磐石さを示すのだとされる。天皇による統治の絶対性を賛美するこの理解の仕方は、しかし、逆説的な言い方になるが、実のところ全く天皇の立場に内在しないがために出てくる誤解なのである。

親房は、南朝の重臣として、天照大神の正統たる天皇を、天孫降臨の際天孫に随侍して降った天児屋《あまのこやねのみこと》命の嫡流たる藤原氏が補佐する為政（摂関体制）のあるべき理念を追究した。南北朝動乱のさ中で、すでに実質を失っていた天皇の為政の復興のために奔走していた親房が、「日神ながく統を伝」えた天孫降臨神話の中に読みとろうとしたのは、神話の記述によって天皇の統治が保証されているなどという気休めではなく、天皇が統治するということが一体何を意味しているのかということであった。そのことの意味を正しくとらえ、それにかなった為政が再び実現するならば、天地の初めに示されたこの国のあるべきありようは必ず復活するはずだと、親房は考えたのである。

親房はいう。「代《よ》くだれりとて自《みづか》ら苟《いやし》むべからず。天地の始は今日を始とする理なり」と。「神国の権柄武士の手に」（前掲『太平記』）帰してしまっている今日においても、神と天皇とが根源的において一であるというこの国の基本のあり方は変わっていない。「神道に違《たが》ひては一日も日月を」戴くことができないという、この国のあらかじめ約束されたありように変わりはないのであり、それゆえ、末の世になったなどと自信を失ういわれはないのである。しかし、神道と一であるというこの国の構造は、天皇の地位を保証する根拠であるという以上に、天皇がその構造から逃れられないこと、その構造にのっとった為政を放棄することが許されないということを意味してもいる。「天地の始」は今日においても相変わらず天皇とそれを補佐する臣に対して負荷されているのである。神は依然として、「天地の始」における神とともにあれという要求を発しつづけている。そのことこそが、他国にはない日本独自の国のありよう、すなわち日本が神国であるということである。

親房は、天地の初めに方向づけられた、この国を国としてあらしめる道について次のように述べる。

　此三種につきたる神勅は正《まさし》く国をたもちますべき道なるべし。

「三種」とは、八咫《やた》の鏡、八坂瓊《やさかに》の曲玉《まがたま》、叢雲《むらくも》の剣の、いわゆる三種の神器を指す。神勅とは、三種の神器が天孫に授けられたときの天照大神による命令であって、親房は三つのものを考えている。一つ目は天孫に対してこの国土の永久の統治を命ずるいわゆる天壌無窮の神勅（『書紀』神代巻第九段一書第一）、二つ目は、天照大神の神霊である宝鏡を天皇が祭ることを命じた同床共殿の神勅（同第九段一書第二）、三つ目は、鏡のごとく明らかに、曲玉のごとく「曲妙《たくみなるわざ》」を用い、剣をもって従わぬ敵を平らげ、天下を治めよとする神勅（『書紀』

仲哀天皇八年正月のほか、『神皇実録』『天口事書』など伊勢神道の文献に類似のものが見える）である。

この三つの神勅の意味および相互の関係は、おおよそ次のように要約できるだろう。すなわち、この国の国たるあり方は、神の命を引き受けるという形で確定し（天壌無窮の神勅）、これを引き受けているという証しが、天皇が神を祭りつづけるということ（同床共殿の神勅）である。そして、この国をそのような神を祭る国として保っていく具体的な仕方が、三種の神器として示されているのである。これらによって、天皇はこの国を統治することが定められていると同時に、その定めから逃れることもできない。三種の神器の現前は、神と人の世を取り結ぶ者としての天皇の永遠の義務を、今の世に明らかに示しているのである。

天孫降臨以来今日に至るまで、天皇がこの国を統治すべき者としてありつづけているという事実が示しているのは、神の命令に反しては一日も日月を戴くことができないというありようを選ばされているこの国の形である。天地の中にあり、日月を仰いで生きている、人としてのあたり前の生のありようが永久に変わらず保たれること、そのことを保証する責務の所在を示すのが、天照大神の系譜を受けつぐこと（天《あま》つ日嗣《ひつぎ》）としての天皇の位なのである。では、天皇はいかにすればその責務を果たすことができるのか。

伊勢神道の教説と同様、親房もまた天皇を神と人との接する点としてとらえている。神から人へという方向で見た場合、天皇は天壌無窮の神勅に示された国土の統治者である。

一方、人から神を仰ぐ方向で見れば、天皇は同床共殿の神勅に見られるように、神の祭祀を行う存在である。前章で述べた伊勢神道教説の表裏構造でいえば、天皇の統治者としての側面が表、司祭者としての側面が裏に当たる。この裏を自立させる方向が神道教説の発生をうながしたことはすでに見た。そして、このこととの対比でいえば、親房の考えは、神との関係において天皇の統治者としての側面はどのようにとらえられるかということであった。神道と二にして一なる為政のありようを問うことが、親房の課題だったわけである。親房は、このことを、三種の神器の象徴するものを読み取ることによって解き明かそうとした。すなわち、神国の統治者としての為政のありようは、三種の神器に象徴的に示されていると考えたのである。

### 乱から治への反転

三種の神器の象徴を語る三番目の神勅は、さきに注記したように、『日本書紀』の天孫降臨の場面には登場しないものである。親房はおそらく、伊勢の神道書に記された伝承に依拠して、これを天孫降臨の際の第三の神勅として取り入れている。神勅の原文は、次の通りである。

此《この》鏡の如《ごとく》に分明《ふんみやう》なるをもて、天下に照臨《せうりんし》給へ。八坂瓊のひろがれるが如く曲妙《たくみなるわざ》をもて天下をしろしめせ。神剣をひきさげては不順《まつろはざ》るものをたいらげ給《たまへ》。天孫降臨の場面に、天下を統治する具体的な仕方を示す神勅が付加されることによって浮かび上がってくるのは、親房が『書紀』神話の文脈の中で天孫降臨をどのような時点としてとらえていたかということである。天孫降臨は、伊勢神道をはじめ、中近世の神道者たちにとっては、『書紀』神話の中の重要な転換点、特異な時点として受け取られてきた。それは、一般に、日本という国の現在の現実のあり方が確定した時点として理解される。親房の理解も、基本的にはそうなのであるが、しかし「天地の始は今日を始とする理」と考える親房にあっては、天孫降臨の特異性は彼の置かれた現実の乱世のありさまと連動する、より具体性を帯びたものとなっている。親房にとって天孫降臨は、「邪神《あしきかみ》あれてたやすく下給ふことかたかりければ」とされる混沌・混乱が、「国をたもちますべき道」を得て、整序と安定を獲得する転換点を強く意味している。親房の見る天孫降臨は、まさに、もろもろの神の荒ぶる混沌が、平穏な日常世界へと回復される、景色の反転の瞬間を意味しているのである。

親房の眼前にあるのは、「昔よりためしなきほどの乱逆《らんげき》」をきわめた南北朝動乱の末世である。人々は、武力による争いによって生じた混沌を、武力によって整序しようとしている。しかし、世の中の衰えは、日月の光り方が変わったり、草木の色が別のものになるように、世の中のあり方自体が変わることではないと親房はいう。日月の光が昔と変わるものでないならば、混乱から平和への反転のメカニズムそれ自体にも、昔と今で変化はないであろう。天皇が神の命を引き受け、それに応答することで治まったかつてのありようは、今日なお為政の方策として唯一有効なものであるはずである。この国は、神を祭ることでのみ、国として保たれるのだ。親房は、このように考えた。三種の神器の象徴の内に彼が読み取ろうとしたのは、まさにこの点、つまり天皇が神を祭ることでこの国が治まるということの実質的な内容なのであった。親房はそれを、「政《まつりごと》の可否にしたがひて御運の通塞あるべし」ととらえる。そしてこの「政の可否」の基準を示すのが、三種の神器なのである。

三種の神器は、為政のありようとして次のようなことを象徴するとされる。

此三種につきたる神勅は正く国をたもちますべき道なるべし。鏡は一物をたくはへず。私の心なくして、万象をてらすに是非善悪のすがたあらはれずと云《いふ》ことなし。其《その》すがたにしたがひて感応するを徳とす。これ正直の本源なり。玉は柔和善順を徳とす。慈悲の本源也。剣は剛利決断を徳とす。智恵の本源なり。此三徳を翕受《あはせうけ》ずしては、天下のをさまらんことまことにかたかるべし。

荒ぶる神の跳梁する混沌を、治まれる世へと反転させた動力は、正直・慈悲・智恵の三徳であった。「天地の始」における景色の反転がこの三徳によってなされたということは、衰えた今日の世にあっても、この三徳が為政の上に実現されるならば、ただちに乱世を治世へと反転することができる。「今日を始とする」と説く親房の信念は、このようなものであった。

親房は、三徳の中でも特に、正直を重視する。正直は、天照大神そのものである鏡に付された徳である。『神皇正統記』には、『倭姫命世記』や『宝基本記』に記された「正直を先とすべき」ことを示す天照大神の託宣が三つ載せられている。

日月は四州をめぐり、六合を照すといへども、正直の頂《いただき》を照すべし。

神はあまねく世界を照覧する。しかし、神が最も親愛するのは、正直な人々である。正直であるとは、「左を左とし右を右とし」て「太神につかふまつ」る、平凡で素朴な人々のありようである。当たり前を当たり前として行う人々こそが、忠実に神の祭りを全うすることができる。当たり前を当たり前にということこそが、為政の根本なのでもある。

神を祭ることに忠実な人々のありようとしての正直こそが、神国の為政の根本原理であると親房は考える。最も深く神を引き受ける人々は、平凡で素朴な人々である。それゆえ、平凡で素朴な人々の当たり前の生活こそが、神を祭る国である神国の本当の内実である。平凡な日常世界の持つ重み、奥行きを真に知る者こそが、神を祭ることを全うできるのである。

凡《およそ》男夫は稼穡《かしょく》をつとめておのれも食し、人にもあたへて、飢ざらしめ、女子は紡績をこととしてみづからも着、人をして暖かにならしむ。賤しきに似たれども人倫の大本也。

親房のイメージする神国は、決して鬼面人を驚かすたぐいの神聖国家でもなければ、武威の優越を誇る国家でもない。ことにそれが軍事的国家像とほど遠いことは、剣が武勇ではなく智恵を象徴するものと見られていることにもよくあらわれている。剣が武の象徴とされるのは、むしろ近世の儒学者が三種の神器を知仁勇の三徳に付会させてから顕著になる見方である。親房にとって、神を尊ぶということは何気ない日常の尊さを知ることと同義なのである。働き、食べ、紡ぎ、着る、そうした当たり前の生の営みが「人倫の大本」として何よりも大切にされ、保たれている国、これこそがつまらないことのようだが（「賤しきに似たれども」）神の国の真の姿なのである。だからもし、神国の概念が他国に対する優越を含意しているとすれば、それはまさに人倫日用の当たり前が実現している素朴で平和な国としての優秀性以外の何ものでもないということができるのである。

このように、北畠親房の神国観は、世界の表と裏の接点にある天皇に要請される正直を通じて、神を祭ることによって保たれるこの国のありようを浮かび上がらせるものであった。親房が強調した正直は、いわば神と人とを結ぶ通路の内実を示唆するものである。しかし、神はなぜ正直を賞《め》でるのか、あるいは、正直の頂《いただき》を照らす神とは何であるかについては、『神皇正統記』は十分な答えを示してはいない。

すでに少し述べたように、親房の語る正直の徳は、伊勢神道の教説における天照大神の託宣を背景にしている。のみならず、正直ということは、わが国の神道界において、神と人との関係の核心を明かすものとして長く重要な論題とされてきた。次章では、神道における最大の徳とされる正直について、伊勢神道の教説に即して見ていくことにしよう。

# 第四章　正直の頭に神やどる

## 正直爺さんは良い人か

ひと昔前、グリム童話の残酷さを暴露する言説が流行したことがあった。しかし、昔話の世界が必ずしも道徳的な善悪を価値基準にするものでないのは、何もグリム童話に限った話ではない。私たちが幼い頃親しんだ「瓜子姫」や「かちかち山」にしても、「ためによくない」「はなはだ殺風景」なものであるといった指摘は早くからなされている（柳田国男『桃太郎の誕生』）。私たちは、良い爺さんが幸福になり、隣りの悪い爺さんに罰が下るというのが昔話の決まったパターンのように想像しがちであるが、実際の伝承世界の語りは、単純な善悪では律しきれない奔放さに満ちている。

善人が栄え、悪人が滅ぶという勧善懲悪パターンは、むしろ伝承文学を編集した知識人の道徳的な解釈や加工の産物であるといったほうがよい。栄える者が道徳的な善人であるという条件は、伝承世界の内部では必ずしも第一義的なものとなってはいない。編者の手が加わり、本の形となって私たちが手にする昔話は、栄える者は善であるべきだという思い込みに支配されている場合が多いのである。

日本民俗学の創始者柳田国男は、語り伝えられていくうちに変容していく昔話の中の変わらない部分と成長変化する部分とに着目し、どの部分が「説話の特にたいせつなる骨子、すなわち最もかたく記憶して自分も実行しなければならぬ教訓」であったかを確かめようとした（『桃太郎の誕生』）。そして、社会の変化にともなって意味がわからなくなってきてしまってはいるが、かつては昔話の核心であったと考えられる箇条を探し出し、昔話の語りを貫く約束事と、その根底にある心意とを復元しようと試みた。柳田が探り当てた、「昔の姿をとどめ」「消えなんとしてわずかに残っているもの」の一つに、「神に愛せられる者の約束」とよばれるものがある。すなわち、「何ゆえにある家ある一人の単純な親爺だけが、異常なる童児または稀有の財宝を得て、たちまち長者になることができ、他の者はすべて失敗してしまったのか」ということに関する、昔話に共通の一つの約束事である。いいかえればこれは、栄える者が誰かを決める昔話内部の決まり事であるといえる。そしてこの掟は、近世・近代の道徳主義的知識人たちの期待に反して、必ずしも忠義や孝行といった道徳的善を要求しはしないのである。

柳田国男は、いわゆる五大御伽噺（『桃太郎』『猿蟹合戦』『舌切雀』『花咲爺』『かちかち山』）と、これらに共通する性格を持つ昔話の分析を通じて、次のように述べている。

普通の人ならば格別重きをおかぬこと、どうだってもよかりそうに思われることを、ほとんど馬鹿正直に守っていた老翁だけが恵まれ、それに銘々の私心をさしはさんだ者はみな疎外せられたことになっていた。

さまざまな伝承の異同を精査した柳田の結論は、要するに昔話の世界では、馬鹿正直な者が福を得るということであった。たとえば、いわゆる『鼻たれ小僧さま』系の話では、海神から授かった子どもに、毎日毎日海老の膾《なます》を差し上げつづけることができるか否かが、幸・不幸を分ける境となる。何の疑いも持たず、嫌気もささずに、この馬鹿馬鹿しい約束を守りつづけた爺に、稀有な財宝がころがりこむのである。問題は、この「馬鹿正直」とは一体何かということである。

柳田が「神に愛せられる者」と言っているように、犬に指示されて掘り出した財宝や、鶴の羽の織物で得た富は、日常生活の中で行われるわざの結果得られる財産とは違った、この世のものならざる幸運といえるだろう。柳田はしばしば「異常なる」という修飾語を添えて昔話世界の事物・現象を説明するが、確かに「ここ掘れワンワン」の犬や、「一椀食べさせれば一椀だけ、二椀食べさせれば二椀だけ」大きくなる童子、あるいは死体が化した黄金といったもろもろの要素には、尋常ならざる何ものかとしての神の影がさしている。こうした異常なる何ものかとかかわり、尋常ならざる幸運に恵まれるためには、私たちが日常普通の感覚で当然と思っているようなやり方は全く無力である。意外なものにかかわるためには、私たちの日常の感覚の意表を突く何かが必要なのである。その手がかりは、「普通の人ならば格別重きをおかぬこと、どうだってもよかりそうに思われること」の中にひそんでいる。

著名な昔話の主人公たちを思い起こしてみればすぐに気がつくことだが、彼らが富に至る条件を、勤勉とか忠義・孝行といった普通の人が「格別重きを」おきそうな要因で割り切ることはできない。たとえば、『三年寝太郎』とか『物ぐさ太郎』の名で知られる一群の昔話の主人公は、徹底した物ぐさで寝てばかりいる人物である。川を流れてきた犬や童子を拾って育てる爺さん婆さんも、一見まじめな働き者であるようだが、そのことはさまざまな語り口の相違を貫く必要条件となっているわけではない。さらに言うならば、年をとるまで子がないとか、いつまでも一人暮らしの若者というのは、家の存立を前提とする共同体の道徳から見れば間違いなく逸脱者、違反者である。老母を家に残したまま、亀に連れられて遊びに行ってしまう青年に至っては、刹那的な遊び人といわれてもいたしかたない人物であろう。もちろん、異常な富を得る者が、働き者や孝行者であってはならないということではない。ただ、孝行者であるとかないとかいうことは、富を得ることとは関係がないということなのである。

### 神に愛される者

日常世界の中で普通に重んぜられていることがらは、「神に愛せられる」こととはさしあたり無関係である。「神に愛せられる」には、もっと別の意外な何かが必要なのだ。その何かとは、たとえば一本の藁《わら》を後生大事にかかえているこことか、私を拾ってくれと言う犬を言われるがままに育てるといった、一見「どうだってもよかりそう」なことなのである。そのどうでもよさそうなことを、大切に行なうありようを柳田は「馬鹿正直」と呼んでいる。いわゆる「正直の頭《こうべ》に神やどる」という諺の示すところである。柳田はこのようなありようを、神の禁忌を守り、忠実に祭祀を執行する心意と結びつけて考えようとしているが、しかし「馬鹿正直」ということが、私たち人間の普遍的な心意の中でどのような位置にあり、どういう意味を持つのかといったことへの探究には踏み込んでいない。

よく知られたいくつかの昔話を例にとって考えてみよう。たとえば、有名な『花咲爺』の話にはさまざまな語りの系統があるが、その中に、白い子犬が川を流れてきて自分を子にしてくれと頼むという類型がある。川を流れてくるものが、不思議なるもの、神の影を負うものであるとするのは、日本昔話のお約束の一つであり、その背景には、山に異界を投影し、川を異界と日常世界をつなぐものとみる民俗世界の心意がひそんでいることは大方の指摘する通りである。この白い子犬も、桃太郎や一寸法師と同様、川を流れてくる奇異なる何ものかの一つの形である。「磐根《いわね》、木株《このもと》、草葉《かやのかきば》も、なほよく言語《ものい》ふ」(『日本書紀』第九段一書第六)ことが、神が現に立ちあらわれ、威力を振るっているさまを示す表現であるように、子犬が言葉を話すのも神のあらわれを意味している。子犬に言葉をかけられたとき、爺さんはまさに、反転した風景としてあらわれる神と出会っているのである。

子犬が口をきいたとき、明らかに景色が反転し不思議が立ちあらわれているのだが、爺さんがあまりにも自然に子犬を拾っていくので、私たちはその反転をほとんど意識することがない。心のやさしいお爺さんが、かわいそうな子犬を拾う、よくあるお話として何気なく通過してしまうのだ。しかし、立ち止まって考えてみれば、爺さんのしていることはある意味で相当に危険な行為である。少なくともこの子犬は、ただの犬ではない。それは、この犬に対して別様のかかわり方をした隣りの爺さんが散々な目にあうことからも、容易に予想がつくことである。シロは、一つまちがえれば、とんでもない災いをもたらす畏るべき何ものかなのである。お爺さんが、シロに福を授けられたのは、まかりまちがえば破滅や死を招きかねない危ない綱渡りに、奇跡的に成功した結果だともいえるのである。

犬の言う通りにして、拾って育てたことが神に愛されるための出発点であったのは間違いない。拾ってくれろというシロの要求は、畏るべき神の祭祀の要求と本質的に同じことなのである。異常なる富を得るには、ともかくもあらわれた神を受けいれなければならないのは確かであろう。では、神を素直にうまく受けいれることができたのは、お爺さんが「やさしかった」ためなのであろうか。

もちろん、そのように見ることも可能であろう。ただし、その場合でも、シロを育てるお爺さんのやさしさは、私たちが捨て犬を拾ってくるときのやさしさとはどこか異なったところがある。その違いは、シロの背負う畏るべき何ものかにかかわっている。お爺さんは、普通に考えれば途方もなく怪しく危なげなものに対して、まるで日常茶飯であるかのようにやさしさを示している。もしこれをやさしさと呼ぶなら、それは私たちが普通に考える常識を前提としたやさしさをはるかに超えている。たとえば、夜中にトントンと戸を叩いていきなり嫁にしてくれろと言う女（普通に考えれば、この女は十分に不気味な存在である）を、当たり前のように嫁にしてしまう若者のやさしさが、私たちの日常世界のやさしさをどこか逸脱してしまっているように。

同じようなことは、異類譚とよばれる昔話群に、一般に感じられることである。たとえば、亀を助けた浦島太郎も、童話絵本の中では、いかにもやさしい若者であるように描かれている。しかし、浦島の目には、子どもたちがよってたかっていじめていると見えた亀も、おそらく村の子どもたちの目から見れば、ただの可愛らしい生き物ではなかったに違いない。それは苔の生えたガメラのような怪物であったとはいわないまでも（しかし、背に乗れるくらい大きかったのは確かであろう）、どこか不気味な、日常世界をはみ出す何かを背負ったものとして、子どもたちの目に映っていたのではないだろうか。浦島の亀は、私たちの見なれたただの亀が反転した異類であり、子どもたちはそのことに怯え、抗っていたのではないかないか。

浦島は、この異類としての亀を助けることによって龍宮城の快楽を体験することができた。そして、浦島が助けの手を差しのべることができたのは、彼が異類の立ちあらわれている反転した景色を意識することなく、あるいは意に介することなく振舞いえたからであると考えることができる。亀に誘われたときも、浦島はその背に乗ることを躊躇しなかった。神に愛される条件は、まずは、景色の反転した中へ、怖いもの知らずにやすやすと踏み込んでいけるかどうかということなのである。

## 無分別と正直

あらわれた景色の裏側を当たり前のこととして受けとめたとき、浦島や花咲爺さんは、みずからも景色とともに反転した存在となっている。そのときすでに、彼らはこちら側の存在ではない。彼らは、いわば神と等しく考え、振舞っているのである。この景色の表と裏の境をやすやすと踏みこえていける人物の像は、見方によってはいろいろに説くことができるであろう。実際、昔話の主人公たちの性格は、向こう見ず、無謀、勇猛、いい加減、お人よし、馬鹿正直、無邪気、楽天家、等々さまざまな味付けがされ、一見するとどこか相通ずるようでもあり、逆にまた全然不統一であるようにもみえる。だが、それらが不統一な外見を呈して見えるのは、その評価があくまでもこちら側の日常世界から、向こう側へはみ出ていく者に対してなされたものだからである。景色の裏側は、こちら側からは見通すことのできない不可思議な何かである。そこへ入っていく者は、こちら側の知恵にとっては最終的に謎である他はない。しかも、あちら側へ行った者が、必ず成功するとは限らない。同じような異類の誘いに乗った者が悲惨な最期を迎える例も、富を得る話と同じくらいだけ存在するのである。

花咲爺さんや浦島太郎的な人物像の共通点を一言で示す表現は、それゆえ否定的な表現にならざるをえない。すなわちそれは、私たちが住むこちら側の日常世界そのものの否定として言いあらわされる他はない。この日常性を成り立たせている私たちの心意を「分別」と呼ぶならば、神に愛される者たちはまさに「無分別」と呼ばれるのがふさわしいのである。

井原西鶴（一六四二〜九三）の『西鶴諸国ばなし』巻三に、「行末の宝舟」と題された一篇がある。『諸国ばなし』の各篇目次には、「武勇」「無常」「因果」などその話の主題を一言で示す西鶴による評語が付されている。「人間程、物のあぶなき事を、かまはぬものなし」という一文で始まる「行末の宝舟」の評語は、「無分別」である。

この話は、浦島太郎の話を徹頭徹尾、日常世界の分別を基準にして裁いた、いわば裏・

浦島物語というべきものなのだが、そのあらすじは次のようなものである。

信州諏訪の里の「あばれ者」勘内という馬方は、人のとめるのも聞かず融けかかった湖の氷を渡ろうとして行方不明となった。その年の七月七日、湖の沖の方から光り輝く舟があらわれた。舟の玉座には立派な身なりをした勘内が乗っていた。勘内が言うには、自分は今、龍の都にいる。そこでは、財宝も美女も思いのままである。大変楽しい所だからと、勘内は、昔の仲間たちに十日ほど遊びに来るように勧める。仲間たちは我も我もと舟に乗り込んだが、勘内の召し連れている者たちは、どことなく磯臭く、魚や巻貝のような形をしたものもいる。一人の男は、船に乗るまぎわに「分別して」、急用を理由に乗船を断わったが、六人の友人は勘内とともに波間に去っていった。それから十年たったが、何のたよりもなく、六人の残された妻の嘆きははかり知れない。分別して残った者は、今も長生きして書記役をして働いているという。

勘内とその仲間の行った先が、富貴自在の楽天地であったのか、あるいは逆に暗く不気味な冥府であったのかは、こちら側からははかり知ることはできない。確かなのは、分別のある者はその世界へ至ることはないということだけである。そして、こちら側の世界を維持する分別から見れば、勘内たちの振舞いは無分別という他はないのである。

しかし、百八十度見方を変えて、湖の彼方の龍宮の側から見れば、勘内たちの無分別は、当然のことを当然として行なっているだけのことに過ぎない。こちら側から見れば、騙されたのかもしれないが、呼んでいる向こうからすれば、それは素直に命令に従ったということになる。昔話の主人公たちの評価が揺れるのは、彼らの振舞いが、日常の基準から見た場合と、異界から見た場合とでは意味が異なってくるというこのことに原因している。しかしながら、成功した爺さんが正直であるといわれることと、失敗した（と想像される）勘内の無分別とは、景色の裏側へ踏み込んでいく心意であるという点においては、全く同じことなのである。

神を受けいれ、神に愛されるには、無分別でなければならない。しかし、受けいれた結果がこの日常世界に福をもたらすか、災厄をもたらすかは、所詮は五分五分の賭けである。無謀と勇猛、お人よしと善人、無分別と正直の境はまさに紙一重なのである。だがもし、その境を意識的によい側へと持ってこられるならば、いいかえれば、リスクを最小限にして神とつきあえるならば、磯臭く怪しげな異類は歓迎すべき客人へと反転するであろう。神のもてなしを成功させる無分別としての正直が、神を意識的に迎える技術である祭祀の世界で特に重視されたのはそのためである。

## 正直の託宣

神は不意にやってきて、何事かを要求する。これをうまく迎えられるか否かに、この日常世界が災いを蒙るか福にあずかるかの分かれ目がある。そして、ひとたび神への対応が成功したと信じられるに至ったとき、その経験は深い教訓となって記憶され、人々はそれをことあるごとに意識的に繰り返したのであろう。今日では、「どうだってもよかりそう」なこととして忘れ去られているそうした教訓は、祭祀の世界においては守るべき型として長く保存されてきた。子犬の要求に従い、また鼻たれ小僧様に毎日海老の膾を忘れずにさ
さげた老翁の教訓は、伊勢神道の教典である神道五部書の世界においても、その深い基層を形づくるものなのであった。

神道五部書には、不意にあらわれ、もてなしを要求する神の言葉が多く記録されている。五部書に記された神宮鎮座の歴史は、神の託宣に従って人々が神を迎え、宮を建て、田畑を奉り、食物や衣類を捧げてきた歴史の記録でもある。その中味は、『花咲爺』のシロの要求に比べればはるかに複雑ではあるが、その本質においてはシロも天照大神も何ら異なるところはない。

神道五部書が、長い間、一部の神宮関係者だけが目にすることができる秘密の書であったことは、すでに述べた。神宮の内部の書であるということは、いいかえれば、五部書の

内容が、神の祭祀に関与するプロ集団のためのものであって、決して一般の人向けのものでなかったことを意味している。このことは、五部書に記録された託宣が、「神主部《かんぬしべ》、物忌《ものいみ》らよ、慎みて懈《おこた》ることなく、正明《まさし》く聞け」という呼びかけを伴っていることからも推測することができる。五部書において神が告げていることは、基本的には、日常生活上のあれこれではなく、神とかかわり神とともにあるときの司祭者のあり方にかかわることがらなのである。

五部書の中で、神の要求として記されていることがらは、宮の建て方、造作、祭りに用いる道具の詳細、神饌・供物の種類から、身体の清浄、心の持ち方まで実に多岐にわたっている。これらはいずれも、神宮の長い歴史の中で、神の祭りに成功する秘訣として蓄積されてきた人々の知恵を示している。そして、そうした神とのかかわり方の要諦ともいうべきものが、次のような有名な託宣として伝えられている。

神垂は祈禱を以て先とし、冥加は正直を以て本とす。(『御鎮座伝記』『倭姫命世記』『宝基本記』)

神の恵みを得るには、祈り願うことが第一であり、神の加護にあずかるには正直が何よりも重要な条件であるというこの託宣は、さきに見た『神皇正統記』の正直を説く段にも引用されており、後世の神道界に大きな影響を及ぼしたものである。たとえば、第六章、七章で述べる垂加神道の「垂加」の語は、この託宣中の「神垂」「冥加」の文字を取ってつけられたものとして知られている。

では、この託宣の中で「神垂」「冥加」の根本条件とされている「祈禱」「正直」とは、具体的にどのようなことを指していわれているのであろうか。

まず言えることは、この二つは神を迎えいれる場面のことに限定された文脈の中で、二つが一組のものとして提示されているということである。つまり、「祈禱」「正直」は、人々の日常生活一般の中で要請されることがらなのではなく、あくまでも神が立ちあらわれ、神とともにある場面におけるあるべきあり方を示しているのである。したがって、ここでいう「祈禱」も、単に心の中で祈り願うこと一般、あるいは信心一般を指しているのではなく、神を祭るときの定まった形を持った振舞いを指していると取るべきであろう。

ちなみに、「祈禱」の語の文献上の初出は、『日本書紀』神代巻の、いわゆる天照大神の岩戸隠れの段（『書紀』第七段本文）である。そこでは、天照大神が岩戸に隠れ、世界が常闇《とこやみ》になったとき、神々が集まって「禱《いの》るべき方《さま》」をあれこれ思案したとされる。そのとき、「深謀遠慮」のある思兼神《おもいかねのかみ》が、「常世の長鳴鶏」を集め、大力の神手力雄神《たちからおのかみ》を岩戸の脇に立て、「天香山《あまのかぐやま》の五百箇《いおつ》の真坂樹《まさかき》」を根こぎにしたものに玉と鏡、麻と楮《こうぞ》を掛け、「相《あい》ともに祈禱」したとある。つまり、神に語りかけることとしての「祈禱」は、吟味され選択された一定の仕方で行われる具体的な祭祀と切り離すことのできないものとして語られているのである。

### 左の物は右に移さず

神の加護を得るにふさわしい心意、「正直」も、祭祀の具体的な場面と離れて存するものではない。『宝基本記』には、「神垂以祈禱為先、冥加以正直為本」のあとに、祭祀にあたる心の持ちようとして次のような文言が記されている。

　神を祭るの礼は、清浄《しょうじょう》を以て先とし、真信を以て宗とす。散斎《さんさい》、致斎《ちさい》の内外潔斎《ないげけっさい》の日は、楽せず、弔《ちょう》せず、その心を散失せずして、その精明の徳をいたし、左の物は右に移さず、兵戈《へいか》は用ゐることなく、鞆《とも》の音を聞かず、口は穢悪《えお》を言はず、目は不浄を見ずして、しづかに謹慎の誠を専らにし、宜しく如在《にょざい》の礼をいたすべし。

「清浄」「真信」「精明」「誠」は、正直と共通する意味合いの言いかえとなっている。己れの分別を差しはさまないという意味合いで用いられるこれらの言葉の示すものは、しかし、今日の私たちが思うような抽象的な無心、無私のイメージとは異なり、端的かつ具体的である。それは、神の要求によって定められ、長い間守られしきたってきた儀礼を、その通りに執行する具体的な振舞い自体を指している。神とともにある時には、日常の仕事、振舞いを持ち込んではならない。玉串の左手で持つ部分は、向かい合った人に渡す際、手を持ち替えて相手の左手に渡るようにし、右手も同様にする。神の指図もないのに、儀礼の手順や左右の位置を変えるようなことをしてはならない。見えない神の不可解な要求をそのままに受け取ること、神を神としてあるがままに受けとめることが、五部書の説く正直の根本なのである。

儀礼というものを喪失しつつある現代人にとっては、正直も信も誠も、単なる心の持ち方、心構えの一つに過ぎなくなっているようである。しかし、本来（少なくとも五部書の中では）それは反転した景色の中に踏み込む緊張感と切り離すことのできないものである。神の出現を意識的に反復する儀礼の空間での一挙手一投足は、古来「戦戦兢兢、深淵に臨むが如く、薄氷を履《ふ》むが如し」（『詩経』「小旻《しょうびん》」）と喩えられてきたように、緊張と危うさに満ちたものと考えられてきた。それを誤りなくこなすこと、また誤りなくこなした前例をたがえずにふみ行うこと、こうした振舞いとそれにともなう心のありようとが、あわせて正直（清浄、真信）とよばれるのである。

神をあるがままに受けいれる正直なありようは、いいかえれば、その場面において神だけを相手にし、すべての振舞いが純粋に神とのやりとりだけになっているありようでもある。そのように振舞っている人は、脇から見れば、神と祭る人だけの、他を排除して閉じられた親密な行為関係として、いわば日常の風景から浮き上がった異質な空間にいるように見える。日常世界の中の一区画に、反転した異質な時空を現出させるそうした振舞い方は、古来「如在の礼」と呼びならわされている。如在とは、確かに神がそこにいますがごとく、ということである。如在の礼の根底にあるのは、立ちあらわれた神とともに過ごした、緊張に満ちた特異な時空の経験である。反転した景色を前に「迷ひ子」になった人々の経験は、言葉を発する犬や亀との交わりとして記憶され、その記憶は再びあらわれた神への祭祀の中で反復される。祭祀は時に成功し、時に無惨に失敗する。そうした試行錯誤の積み重ねの中で、人々は「思兼神」のように思いをめぐらし、神を迎えるわざを洗練させていったのであろう。五部書の説く正直は、そうして築き上げられてきた如在の礼をそれとして成り立たせる心のありようを意味しているのである。

## 子どもの目は正直

伊勢神道の教説の中で説かれる、「神に愛せられる」条件としての正直は、祭祀の執行という目に見える具体的な形と切っても切り離せないものであった。祭祀の世界の文書である五部書では、形ある所作・事物を離れた正直は、基本的に想定されていない。祭祀が滞りなく行われ、神の恵みがあれば、それこそが正直の結果なのであった。しかし、形にあらわれない正直はないとはいっても、心の中味がどうでもよいということではない。祭祀を間違いなく行いうるような特別な心の持ち方は、確かにそれとしてあるものと考えられていた。「左の物は右に移さず」という形であらわれる心のあり方が何であるかは、伊勢神道の中でも重要な関心テーマとなっていたのである。

日本倫理思想史の知見によれば、日本人の倫理観の一つの特色として無私・無欲の心情の重視ということがあり、それが各時代に重んぜられた代表的徳目となってあらわれているという。日本倫理思想史研究を学として確立した相良亨《さがらとおる》（一九二一～二〇〇〇）は、今日おもに誠実という言葉でとらえられている純粋無私の追求の姿勢が、上代では「清明心」、中世においては「正直《せいちょく》」、近世以降は「誠」「誠実」の道徳となってあらわれていることを指摘し、その根底を貫くものの探究を試みた（『日本人の心』『誠実と日本人』）。

相良は、中世のさまざまな文献の中で盛んに説かれた正直は、今日いう正直とはやや内容が異なり、「子供の目は正直であるといった正直」に最も近いものであると指摘する。そして、中世の正直の理解を端的に示すものとして、『神皇正統記』の文章（八六ページ参照）をとりあげ、正直を「①根本においてまず私のない心」であり、「②無私なるがゆえに、状況状況における是非善悪をあきらかに捉える心」であるとし、さらに「③その捉えた是非善悪に即して行動する心」でもあると定義した（『日本人の心』）。

このような、状況状況において事物の真相をとらえるけがれない心としての正直は、神に対する心のあり方として神道の世界で特に重視されただけでなく、中世においては、政道や対人関係などあらゆる状況における人間普遍の徳目とされていた。中世における正直の流行が、神に仕える者の心構えが広く人間社会全般のことへと適用された結果であるのか、あるいはその逆であったのかは、にわかには判断しがたい。しかし、伊勢神宮が正直を一つの旗印にかかげていたという事実が、中世における正直の流行を促進する要因となったのは確かであろう。

室町中期に広く民間に流布した『三社託宣《さんじやたくせん》』なる文書がある。これは春日大明神、天照大神、八幡大菩薩の託宣を記したもので、掛軸などの形で祭られ、崇拝の対象とされた。この中の天照大神の託宣は、「正直は一旦の依怙《えこ》に非ずといへども、終には日月の憐みを蒙る」というもので、伊勢イコール正直のイメージが、中近世を通じて広く世間に浸透していたことを示すものである。

中世の正直の理解を端的に示すといわれる『神皇正統記』もまた、天照大神の神体である鏡の象徴するものとして、正直を引き出してきている。北畠親房は、「天照大神もただ正直をのみ御心とし給へる」と述べ、天照大神の心の正直が、神体である鏡となって現前しているととらえたのである。

親房が説いたのは、「神国」の政道のあり方としての正直であった。したがって彼のいう正直は、人々に対するものであると同時に神に対するものであった。そして、政道にあずかる者が正直であるべきなのは、神自身の心・振舞いが正直だからなのだと考えたのである。すなわち、事物の真相をあるがままにとらえ、それに応じて振舞う心は、本来神が体現しているあり方なのである。

相良は、無私無欲であるということが、必ずしも事物の真相たる道理の認識を保証するものではないと述べ、無私に徹しきることがさらなる当為として要請されると述べている。そして、正直は、神に対するものでもあり、人に対するものでもあるが、より根源においては天地の全体に対するものであったという。相良のいう天地全体に対する正直は、いいかえれば、神が体現している正直である。人は神と相対するときには、神と等しく思い、等しく振舞わなければならない。そして、日常の分別を捨て、神と全く同じあり方になりきれたとき、それが真の正直の実現なのである。

正直ということの極限にある、神と人とが同一になるという発想は、伊勢神道の影響下で形成された神道教説の一つの重要な探究課題となっていく。花咲爺さんとシロの交流のあり方は、祭祀の場での神と神職の関係の中で正直の教説となってあらわれ、さらに正直の根源をめぐって神人同一の形而上学が生み出されてくる。相良の指摘した天地との一体としての正直は、神道思想史においては、究極的一神の問題としてあらためて問い直されてくる。正直の頭に神やどるという諺の示すところの探求が、神道思想史のさらなる展開を導き出すのである。

次章からは、神と等しいあり方は何ゆえに可能か、そしてそもそも神とは何かといった問いに対する神道思想家たちの思索を辿っていくことにしよう。

# 第五章 我祭る、ゆえに我あり

## 祭祀から宗教へ

これまで見てきたように、伊勢神道の教説は、神を祭ることの意味や神を祭る人のあり方への反省を通じて形成されてきたものであった。伊勢の神職たちにとって、祭祀の現場とは、自分たちが古くからしきたった朝夕の祭りであると同時に、天照大神を祭る天皇を中心に統一されたわが国の神社祭祀体制でもある。しかし、それらの根底にあるのは、昔話の世界に象徴的に示されるような、神と人との遭遇の体験、反転した景色の体験でもあった。だから、外宮の神職たちが日本神話の解釈を通じて自分たちの祭神・祭祀の位置づけを試みたことは、神との出会いというすぐれて宗教哲学的な課題に、天皇と神道との関係の解明というレベルで答えようとしたものであったということができる。彼らにとって、内宮・外宮、天皇・神道という二元構造を読み解くことは、そのままこの世界そのものの根元を解き明かす営みでもあったのである。

神国思想に顕著にあらわれているように、伊勢神道の文脈では、天皇は、こちら側の世界と向こう側の世界の接点の位置にある。天皇の祭祀が反転したものが天皇の統治であり、統治者の祖である天照大神の裏側が、神道の祖である天御中主神イコール豊受大神である。この表と裏を結ぶものが、祭祀であり正直なのであった。

要するに、伊勢神道の教説は、世界を天皇を軸として表と裏に区分し、天皇の統治と微妙な緊張関係にある裏の領域に神道固有の探究対象を確保しようとするものであった。そして、このことは、神の領域と世俗世界が天孫降臨を接点として区切られているという日本神話の構造を巧みに解釈することによって根拠づけられたのであった。

このように、二にして一、表と裏の幽契による一体を説く伊勢神道の教説は、もともと、内宮に対する外宮の固有の守備領域を確定しようとする関心から生まれてきたものである。彼らは必ずしも、天皇や内宮に対する外宮の自立を意図したわけではないだろうが、しかし結果的には、天皇の管轄する領域の裏側に目に見えぬ神の領域が主張されることで、国家的祭祀体制を超えた普遍的な神道が自立していく道が開かれたのも確かである。天皇の裏側としてある神そのものへの探究がより徹底していけば、神道は現実の天皇の祭祀からどんどん離れて、いわば宗教として自立していく可能性を持ちうるのである。

実際、祭祀の現場のこととして問われてきた神や祭りの意味が、より根源的に問われていくにつれて、天皇やこちら側の世界を超えたところで形而上学的な神道が議論されるようになる。神そのものへ、祭ることそのものの意味へと踏み込んでいくことによって、天皇を司祭者とする国家的祭祀体制から半ば独立した、私的な神道が生まれてくる。いうなれば、政治から分離した宗教としての神道が生まれてくるのである。室町時代に成立し、江戸時代には神道界の頂点に立って全国の神職を支配した吉田神道は、そうした新宗教としての神道の典型である。

## 神道界の怪物、吉田兼倶

吉田神道は、卜部《うらべ》神道、唯一神道、元本宗源《げんぽんそうげん》神道ともよばれ、律令官制の神祇官の下級官人卜部氏の諸伝承を集成してできた神道の一派である。

『卜部家譜』の伝えるところによれば、卜部氏は、天児屋命《あまのこやね》の十二世の孫、雷臣命《いかずちのおみ》を祖とするという。雷臣命は、亀卜《きぼく》の術に秀れていたため、仲哀天皇に仕えて卜部姓を賜わり、以後子孫は卜部を名乗ったとされる。ただ、この伝承は根拠があいまいで、近世になって吉見幸和らによって徹底的に批判されている。今日ほぼ確実とされているのは、卜部氏は、壱岐・伊豆等の諸国から亀卜の才のある者を集めて編成された神祇官卜部の一員で、伊豆国出身の平磨《ひらまろ》（八〇七〜八八一）なる人物を祖としているらしいということである。

卜部氏が頭角をあらわしてくるのは平安中期のことである。この頃、卜部氏は神祇官の次官となり、また京都の平野・吉田両神社の預《あずかり》（神主）となって一定の地位を確立する。鎌倉時代には、神話や祭祀に関する独自の家学を形成し、「日本紀の家」と称されるようになる。中世における『日本書紀』注釈書の多くは卜部氏の関与したものである。室町中期に公卿に列せられ、以後吉田の家名を名乗るようになる。『徒然草』で有名な兼好法師（一二八三?～一三五二?）も、吉田卜部の一族である。

卜部氏が神道界で大きな勢力を占めるようになったのは、応仁・文明の乱の前後に活躍した吉田兼倶《かねとも》（一四三五～一五一一）のときである。世間が混乱すると、往々にして常識離れした人物が活躍の場を与えられるようであるが、この吉田兼倶もそうした乱世が生んだ怪物の一人であった。伊勢神宮からは「神敵」と罵られ、また「偽書・造言・謀計はみなこの人の手に成った」（平田篤胤『俗神道大意』）といわれる一方、「神道史上の豪傑」（村岡典嗣『神道史』）と賞讃されるなど、兼倶の人物をめぐっては、毀誉褒貶まことにかまびすしいものがある。いずれにしても、彼が神道界のカリスマであったことは間違いない。少なくとも、彼が吉田神道とよばれる特異な神道教説を実質的に創唱し、そのいかにも教祖的な奇想天外な策謀によって、以後数百年に及ぶ吉田家の神道界支配の道が開かれたのは確かである。

伊勢外宮の神道説が、天皇に対して微妙な緊張・対立をはらみながらその領域を確保しようとしたことについては、すでに述べた。吉田兼倶の怪物たるゆえんは、伊勢神道が保持していた二にして一という天皇と神道の微妙な一体性の一線を踏み越えて、天皇の統治（王法）や、当時宗教界を支配していた仏教（仏法）に対する裏世界としての神道のあからさまな自立を宣言し、それを現実の行動においても実践してみせたという点にある。

神道史上における兼倶の主な事蹟として挙げられるのは、次の三つである。第一に、『唯一神道名法要集《みようほうようしゆう》』『神道大意』等を著わし、神道史上初めて本格的な理論体系を構築したこと。第二に、吉田神社内に、斎場所大元宮《さいじようしよだいげんぐう》なる奇抜な施設を創建し、日本中の神の祭りを統一しようとしたこと。第三に、いわゆる三壇《さんだん》行事をはじめとする独自の行法の体系を作り上げたこと。こうした独自の行法を持つことによって、吉田神道は、伝統的祭祀とも、仏教の行法とも異なる新しい宗教としての基礎を得ることになる。

これら三つは、いずれも宗教的奇才吉田兼倶の描いた大きな戦略の不可欠の部分を形づくるものである。彼の構想は、部分的に挫折することはあったものの、総体としては成功をおさめ、吉田家が神祇管領長上(兼倶の自称であったが、のちに公式的な呼称とされた)として、明治維新に至るまで神道界に君臨する基礎が固められたのである。

## 元本宗源唯一神道

兼倶の神道説は、神道教義はどのように作られるかということの、一つのモデルケースを示しているように思われる。

すでに見たように、伊勢神道の教説は、自分たちが特定の神を祭っている現状にもとづいて、世界を根源から説明しようとする要求から生まれてきた。その方法として、特定の祭神が鎮座するに至った歴史を材料とし、この世界の現状が確定した特異な時点を発見し、その意味を探ることが、神道教説の基本的な構えとなっていた。そして、伊勢神道は、『日本書紀』の天孫降臨の時点に、この世界の諸関係が最初に方向づけられる根源的分節を読み取り、そこに隠された意味構造を、天照大神と豊受大神の「幽契」として定式化したのである。

吉田神道の教説もまた、基本的にはこの伊勢神道と同じような生成構造を持っている。吉田神道においても、神道の起源は、天照大神の命によってこの地上の秩序のあり方が確定した天孫降臨の時点に求められる。ただ、伊勢神道に比べてより明確になっているのは、吉田神道がこの最初の分節を、はっきりと「人事」と「神事」、天皇と神道の分節としておさえている点である。

吉田神道が根拠としてあげるのは、『書紀』第九段一書第二にある「天児屋命は神事を司る宗源者《もと》なり。故、太占《ふとまに》の卜事を以て仕へ奉らしむ」という文言である。第九段一書第二の記事には、神事の起源をめぐる材料が多く語られているため、のちのちまで神道家の注目を集めた箇所であるが、吉田神道はこの箇所をはっきりと、人事を司る天皇と、神事を司る天児屋命（卜部氏）との根源的分掌体制を語るものとしておさえている。

さらに、この第九段一書第二には、皇祖神と出雲の神（大己貴神《おほあなむち》）との間で交わされた、「顕露《あらは》の事は、是吾孫《すめみまし》治すべし。汝は以て神事《かみのこと》を治すべし」「顕露の事は皇孫まさに治めたまふべし。吾は退《さ》りて幽事《かくれたること》を治めむ」というやりとりが記されている。吉田神道では、この文言を下敷きにし、さらに仏教における顕教・密教の区別を重ねながら、天皇の支配する国家的祭祀体制を「顕露教」、吉田家の関わる神道を「隠幽教」であるとし、天皇と神道をはっきりと表の世界と裏の世界とに配当しているのである。ちなみに、この「顕露」「幽事」の区別は、のちに復古神道教説の形成において重大な意味づけをされ、明治時代には伊勢対出雲、天皇対神道のきわどい対立の構図を引き出すもととなっている。

　このように、天皇と神道による世界の分掌体制を明言するところから出発する吉田神道は、神道というものに、それまでには見られなかったようなはっきりした位置づけを与えようとするものであった。吉田神道の特色の一つは、仏教や儒教をも包摂する大きな世界観として神道を定義づけようとした点である。ここにおいて「神道」という言葉は、神の祭祀とか、測り難い神の働きといった限定された枠組みを脱し、世界の原理たる神の働きと、それを正しく把握し応接するあり方の全体を指すものとなる。すなわち、神道は、世界のメカニズムと、それに対応する思想体系とを意味するようになるのである。

　兼倶が先祖卜部兼延《かねのぶ》(生没年不詳)に仮託して制作した偽書『唯一神道名法要集』は、それまでに存した神道説を、本迹《ほんじやく》縁起神道、両部習合神道の二つに分類し、吉田家の神道は、より根源的な元本宗源神道であると主張する。「宗源」の語は、さきに見た『日本書紀』の文言に由来する。その説によれば、本迹縁起の神道とは、特定の神社に伝えられた祭神・鎮座起源・祭祀等の秘伝・伝承をもとに立てられた教説をいう。豊受大神の鎮座伝承や神格論を核として成立した中世伊勢神道は、兼倶の分類上はこの本迹縁起神道の一つであると考えられる。また、両部習合神道とは、真言宗、天台宗の密教の教えを受けた者が、密教の理論・行法によって神を祭るものをいう。天照大神と大日如来の一体を説く真言系の神道説や、日吉神社の三神が釈迦・薬師・弥陀三仏の垂迹《すいじやく》であるとする天台系の神道説などがこれに含まれる。

これらに対して、吉田家の神道は、この世界の中にこれこれの神としてあらわれ、特定の神社で祭られているところの、普通の意味での神にかかわるものではないとされる。それは、現象しているこの世界の根底にある実在に直接通じる神道である。「元」とは、天地の運動そのものの根元であり、「本」とは意識が動き働く以前の(分別を超えた)心のありようである。「宗」は万物万象の根源たる一なる実在、「源」は、根源的な実在が具体的な事物となってあらわれる働きを意味している。諸現象の根源を明らかにするこの神道こそが、「吾が国開闢以来唯一神道」なのだというのである。

## 究極神・国常立尊

この考え方の注目すべき点は、さまざまな神社で現に祭られている神々の全体を超越的に主宰する、形而上学的究極神の観念が立てられていることである。

律令体制以来の神祇制度では、諸社の祭神相互の関係は、基本的には位階や社格といった世俗的関係秩序によってとらえられてきた。いいかえれば、神々の関係は、天皇によって与えられる位置づけによって定められていたのである。しかし、神道の理論的探究の進展は、そうした世俗的秩序を超えた神々の世界の内部での超越的な秩序を把握しようとする思索を生み出してきた。神々を仏や菩薩との関係づけにおいてとらえ直そうとする習合神道の言説（いわゆる本地垂迹説）はその早いものである。伊勢神道においては、現に祭られている神の根源として、目に見えない幽契秩序の主宰神である国常立尊《くにのとこたちのみこと》・天御中主尊《あまのみなかぬしのみこと》の同体異名説が唱えられた。吉田神道の神観念は、こうした傾向をさらに一歩おしすすめたものであるといえる。

卜部兼直（生没年不詳）作と伝えられる『神道大意』（実際は兼倶の偽作といわれる）では、吉田神道がいうところの「神道」が、次のような形で説明されている。

神とは常の神にあらず。天地に先だてる神をいふ。道とは常の道にあらず。乾坤に越えたる道をいふ。神性動かずして動き、霊体形無きがごとくにして形《あらは》れまします。これすなはち不測の神体なり。天地にありては神といひ、万物にありては霊といひ、人倫にありては心といふ。心はすなはち神明の舎《みあらか》、混沌の宮なり。混沌とは天地陰陽未分、喜怒哀楽未発、皆これ心の根元なり。心とは一神の本とするところなり。一神とは吾が国常立尊といひ、国常立尊とは無形の形、無名の名なり。これを虚無太元尊神と名づく。

ここで主張されているのは、吉田神道で考える神は、世間でいうところの八百万の神ではなく、「天地に先だてる」神なのだということである。したがって、神の働きたる道も、天地の間に個々に現象している神の働きではなく、さまざまな現象全体の根底をなす働きを意味している。「常の神にあらず」というときの「常の」（普通にいわれる意味での）とは、たとえば天照大神とか大国主神、あるいは山の神とか海の神といった、特定の名前を持ってあらわれ祭られている個々の神のことを指している。兼倶の説くのは、そうした名づけられた個々の神々以前の「神」、つまり事物・現象に即してあらわれる神々に先立つ、事物そのものの成り立ちにかかわる根元神なのである。この考え方は、いいかえれば、具体的な祭祀の根源にある神との遭遇の体験そのものを、形而上学的な思索を通じてとらえようとする試みであったといえる。

天地に先立つ神とは、祭られる以前の直接的な神との出会いをとらえる観念であるが、兼倶はこれを、神代神話において神々が生成する以前のいわゆる天地開闢の時点の風景の中でとらえようとする。神代神話を時系列に沿った物語として見れば、それは、神々が生成し、それぞれが名を持ち、事物を司ることによって現にある世界の形・秩序ができあがっていく流れとして読み解くことができる。兼倶が問題にしているのは、そのような世界の秩序が生成していく流れそのものの根源としての神なのである。

このような根元神とその働きは、『日本書紀』本文冒頭の天地未分の混沌のさまに象徴的に表現されていると兼倶は考える。『書紀』のいわゆる天地開闢段は、一なる実在が、多なる事物事象としてみずからをあらわすさまを描いた、一つの形而上学的記述として読まれねばならないと考えたのである。

## 形而上学としての神代紀

天地開闢段を、漠然たる始原のこととしてではなく、実在即現象という形而上学的理論の物語的（時間的）表現としてとらえる見方は、習合神道や伊勢神道の教説にも萌芽的に見られるものである。また、一なる実在が具体的な事物事象にあらわれるという形而上学的発想自体も、兼倶の独創ではない。それは、「権現」「垂迹」「和光同塵」（いずれも仮に姿をあらわすこと）とか、「色即是空」「諸法実相」（現象するものがそのまま真理である）とか、易《えき》の「太極」（現象としてみずからをあらわす無形・無名の一者）思想など、さまざまな表現形態を借りながら、中世の思想・文化に広く浸透したパラダイムを踏襲したものに過ぎない。そもそも、『神道大意』をはじめ兼倶の著作の用語法自体が、仏教・道教・易の思想などの寄せ集めの観を呈している。ただ、それにもかかわらず、兼倶の思想がある新しさを持ちえていると見られるのは、彼が神代神話を形而上学として読むことを通じて、八百万の神の並存する現状を、一つの神の世界として理論的に統一しようとする志向を持っていたからに他ならない。

兼倶は、天地に先立つ根元神を、『日本書紀』本文で最初に登場する神、国常立尊に比定

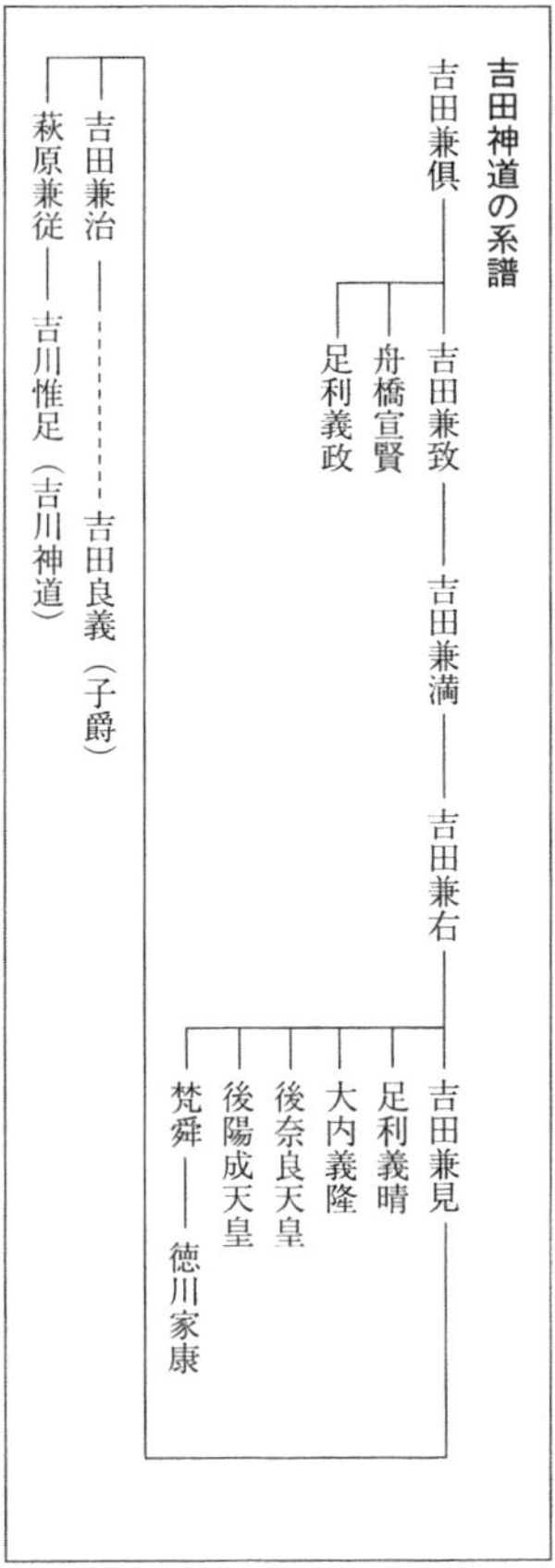


天皇や将軍、有力守護大名など、権力者たちに伝授されていることがわかる。

する。兼倶は、この国常立尊を「無形の形、無名の名」として位置づけ、「虚無太元尊神」とよぶ。この考えの意味するところは、国常立尊を神々の系譜の中の一柱としてとらえるのではなく、未分の混沌として表現された究極的実在それ自体（無形・無名）を神としてとらえたときの名が国常立尊だということである。したがって、国常立尊は、時系列上にあらわれてくる他の神々と同列のものではない。系譜としてあらわれてくるすべての神々は、国常立尊のさまざまな形でのあらわれ、分化としてとらえられる。国常立尊（太元尊神）とは、あらゆる神々をそれとしてあらわれさせている根源なのである。

兼倶において鮮明にあらわれているのは、神代神話を、時系列に沿った物語であると同時に、時・所を超越した一つの形而上学の記述でもあるととらえる視点である。

兼倶によれば、神代神話を読み解く見方には、「次第の神代」と「因縁の神代」の二つがある（『神書聞塵《もんじん》』）。神代神話を、天地の初めから神武天皇に至る歴史記述としてとらえれば、それは「次第の神代」である。これに対して、「因縁の神代」とは、神代の叙述を、世界とは何であるか、人間とは何かといった哲学的な思索の寓意的な表現として見ることをいう。たとえば、国常立尊から神武天皇に至るいわゆる天神七代地神五代の系譜を、文字通り神々の系図として見るのではなく、「天にありては七星、地にありては五行、人にありては七情五根」という、天地人のあり方を暗に示したものとして受けとる仕方をいうのである。牽強付会といってしまえばそれまでであるが、こうした付会は兼倶の『書紀』の読みでは一字一句についてなされており、そのようにして読みとられた隠された意味の全体こそが、測り難き神道の領域を形づくるものと考えられたのである。

いくつかの例をあげてみよう。この国土と多くの神々を生んだ伊奘諾《いざなぎ》尊・伊奘冉《いざなみ》尊が、オノゴロ島に降り、柱の周りをめぐって婚姻するくだりの「柱」について、兼倶は次のように解説する。

> 柱は、神道では正直の象徴である。柱は真っ直であるから、どんな大きな建物も支えられる。神を数えるときも、柱という。柱は木でできたものが基本である。五行（五種類の根元物質）の内、木は、方位は東方を、事象としては空をあらわす。空は、生命の源の「元気」がとけあう所で、木はそこを司っている。空をさして真っ直に上っていく木は、一心の根源としての正直を指すのである。

木と柱の象徴から、神と正直とを結びつけているわけである。正直の頭に神やどるという発想は、このようなところにも浸透しているのが興味深い。正直については、さらに牽強付会な次のような例もある。これは、伊奘諾尊が白銅鏡《ますみのかがみ》を右手に執ったとき日神、月神が生まれ、次に「又、首を廻《めぐら》し」たときに素戔嗚《すさのお》尊が誕生したという、第五段一書第一の文言の中の、「又、首を廻して」という語の解釈である。

神の心が、一物をも貯えない正直な状態で生まれたのが日神、月神である。首をめぐらして、正直の心が二心になったところで、素戔嗚尊を生んだのである。不直の心で生んだために、素戔嗚尊は、多くの人々を死なせるなどの悪事を働くのである。

これを見ただけでは、なぜ「首を廻し」が不正直につながるのか、おそらく見当もつかないであろう。しかし、この解釈には、一応兼倶なりの根拠があるのである。この解は、中世の『書紀』注釈書を代表する、一条兼良《かねら》（一四〇二〜八二）の『日本書紀纂疏《さんそ》』の注を踏襲したもので、その典拠は中国の儒教古典『礼記《らいき》』にある。『礼記』「玉藻《ぎょくそう》」篇に、君子の姿形のあり方として「頭の容《かたち》は直し」とあるのを根拠に、首が曲がっている状態を「直でない」とする理解を引き出しているのである。

これらは、『日本書紀』を歴史学的に研究する学者からは、「自家の神道教義に立脚した空理空論で埋められており、書紀の学問的研究のために今日読むに値するものは一つもない」（家永三郎・日本古典文学大系『日本書紀』解説）とされてきた、こじつけ的解釈の典型的な例であるといえる。こうした付会は、必ずしも吉田神道の専売ではなく、中世における『書紀』解釈全般に、さらには『古今和歌集』や『源氏物語』といった古典文学の解釈にも一般的に見られるものである。こうした解釈方法は、テキストの表現を表と裏とに分け、文字通りの表現としてあらわれている表の意味の背後に、世界の本質や人生の真相を明かす深遠な哲理が隠されているとする考えを前提としている。そして、中世における古典解釈は、この裏に隠された哲理の解明を主たる目的としていたのである。兼俱のいかにも怪しい解釈も、そうした中世一般の常識を出ないのであって、その付会性のみをもって吉田神道固有の特色とみなすことはできない。兼俱の神話解釈のより重要な特色は、彼が「裏」の意味に一つの体系的な哲理を読み込み、さらにそこから、教義のみならず身体儀礼をも備えた全く新しい神道を創出した点に求められるのである。

兼俱は、国常立尊から伊奘諾尊・伊奘冉尊に至るいわゆる天神七代の記述を、『書紀』のどこにも記されていない太元尊神（究極の一者）の働き・展開を記したものと理解する。究極神としての国常立尊（太元尊神）は形而上の実在であり、七代の神々は形而下の現象をあらわす。形なき国常立尊は天地の根元であり、人体の形をとった伊奘諾尊・伊奘冉尊は天地の具体的な姿である。あるいは、国常立尊は意識の働きがおこる以前の心を、七代の神々は動き働く心をあらわすとされる。このように、一と多、実在と現象、無形と有形とが、言葉の象徴機能によって不二一体の形で表現されたものが、神代神話なのである。こうした二重構造（表・裏）的神話理解は、吉田神道教義の構造を貫いており、さらには、兼俱の創出した新たな神道の行法のありようにまで貫徹されていくのである。

## 我祭る、ゆえに我あり

兼倶が神代神話から読み取ったのは、形なき一神が、歴史的世界の具体的な事物としてみずからをあらわすという一つの形而上学であった。唯一実在と天地万物との不二一体性は、この世界の根本構造そのものである。したがって、この根本構造を正しく理解し、これにのっとって生きることこそが、神道にかなうことに他ならない。無形の一神の働き・あらわれが、有形の事物事象であるという関係は、天地人を貫いており、それが測り難き神道である。この関係は、人間に即して見た場合、無形の心と形ある身体との関係に相当する。神道は、人間においては、心と体の関係となって働いているのである。この関係を彼は、『宝基本記』の言葉にもとづいて、「心は神明の舎、形は天地と同根」と言いあらわしている。

天地を建立し万物を養育する無形の神は、人にあっては心の空所に宿っている。というよりは、心の空なるところそのものが神である。人が人であること、すなわち、身体を備え、生きて動き働いているということを成り立たせている根源が、身体の内なる空所、心である。

兼倶は、形ある人間の願うべき宝を、「寿命第一」「無病第二」「福禄第三」(『名法要集』)の三つであるとする。これは、いかにも現世利益的な標語のように見えるが、しかし、見方を変えれば、これは彼が人間というものをどのようにとらえていたかをよく示している言葉であるともいえる。私たちの究極の目的が「寿命第一」であるとするこの考えは、要するに、人が人であるということの具体的なさまが、身体を備えて活動することという一点でとらえられていることを示している。兼倶にとって、私が私であるということは、これこれこのような形をした身体が動きまわっていることに他ならない。私たちの生の意味や本質は、この形を養い、保持し、全うし尽くすこと以外にはないのである。心（神）は、そのことを成り立たせている根源なのである。

『神道大意』の別本の中で、兼倶は、「神道といふ者は、心に守る道なり」と述べている。形を養う根源が心であるからには、形としての生を全うするための根本的なしわざは、心を正しく保つことに尽きる。天地万物のあり方が、すべて無形の神の働きによって決定しているのと同じく、人間の寿命・健康・財産（財産は体を養うために必要な外物である）は、心の動静ひとつにかかっている。喜ぶ心が過ぎるときは肝臓が傷つき、怒る心が過ぎれば心臓がいたむ。人が人としての幸福を求めるなら、こうした心の動きの過不及を抑え、心を一定の平穏な状態に保つことが肝要である。兼倶は、心を中庸に保つことを、自身の心を祭るという言い方であらわしている。人が人として安らかに生きるには、「唯己心《こしん》の神を祭るに過ぎたるはなし」（『神道大意』別本）とされるのである。

自身の心を祭るという兼倶の考え方を、一つの人間観としてとらえ直してみると、そこにはきわめて興味深い発想が含まれていることがわかる。彼は、人間が身と心を備えて存立しているという事実を、自己が自己の心を祭っていることとして把握したのである。いいかえれば、彼は、人間が存在しているということを、生きていることとか考えていることとしてではなく、端的に祭っていることとしてとらえている。西洋の哲学者デカルト（一五九六〜一六五〇）が、「我思う、ゆえに我あり」ととらえたのにならっていえば、兼倶の考えは、「我祭る、ゆえに我あり」とでもいうべきものであろう。

存在するとは祭ることであるとするこの発想は、兼倶の世界観では、天地間のすべての事実のあり方にも通底するものである。というのも、兼倶によれば、人間を含めた天地万物の存在は、すべて国常立尊（太元尊神）のあらわれ・働きである。このことを、存在する事物の側から見るならば、事物は神のあらわれ・働きに応《こた》えることによって事物として成り立っているということができる。神のあらわれ・働きに応えるとは、祭るということに他ならない。だから、事物が事物として存在するということは、事物が、事物自身としてあらわれている神を祭っていることに他ならない。事物が在るとは、事物が自身の根源たる神を祭っているということなのである。

自己が自己を祭るという形で神人の根源的同一を説く兼倶の考えは、伝統的な祭祀儀礼の現場における神人関係のとらえ方を、理論的に徹底するところから生まれたものといえる。祭りを行なう人の身体を神殿にたとえ、身体の空所たる心に神が来臨するという発想は、すでに伊勢神道にも見られるものである。

天地と人形《ひとがた》と、人体と宝舎とは、その名を異《こと》にすといへども、しかもその源は一なり。
（『宝基本記』）

「己心の神を祭る」という考えは、『宝基本記』にあらわれたこの発想を、仏教の「己心の弥陀」という考えを借りながら理論化したものであるといえよう。そして、この発想のさらなる根源には、来訪した神が人の姿を借りて言葉を発し、人々は神を宿したその人を客人としてもてなした素朴な神人交歓の場の記憶が存しているものと考えられる。兼倶の神道説は、花咲爺さんや浦島太郎が、なぜ景色の裏側に身を置くことができたかということへの、一つの理論的な解答だったのである。

## 吉田神道の儀礼

祭っている人と祭られている神とが、究極的には別のものではないとする兼倶の考え方は、実際の祭祀のあり方に関しても、新しい意味づけをもたらすものであった。神をめぐる形而上学的探究は、祭祀の形にも改変をもたらし、それまでにない新たな儀礼・行法が次々と組織されていく。兼倶の神道は、伝統的な祭祀に依拠するそれまでの神道とは大きく異なった、新しい宗教の相貌を呈していくのである。

五部書の神道説においても、神とそれを祭る人のあり方・関係については、「正直」をめぐる教えに見られるように、萌芽的とはいえすでに一定の理論的反省が加えられていた。しかし、そのことによって伊勢神道の伝統的祭祀の仕方までもが根本的に改変されることはなかった。祭祀は、依然として、人が、従来しきたった方法によって名前を持った特定の神を祭るのであって、神人の根源的同一性という理屈によって祭りの内容が変えられたわけではない。

しかし、兼倶の創唱した神道はそうではなかった。彼の主張する神道が、現にある歴史的世界を超えた形而上学的根源にかかわる以上、特定の神を祭ってきた伝統的儀礼とは別に、事物の存立それ自体としての神にかかわる新たな儀礼が要請され、兼倶はこれに応じてさまざまな新しい儀礼を創出したからである。

さきに見たように、兼倶は神道の教えを、顕露教と隠幽教の二つに分類している。この顕教・隠教の区分は、一言でいえば、現象(特定の神のレベル)と実在(太元尊神)の区分に対応している。神話解釈に即していえば、神話の記述の表の意味にかかわるのが顕教で、直接には記されていない隠された裏の意味を扱うのが隠教である。

『唯一神道名法要集』によれば、公表されたテキストである「三部の本書」(『先代旧事本紀』『古事記』『日本書紀』)に依拠して、歴史上にあらわれた神道を扱うものが顕教であるとされる。したがって、歴史的伝統にのっとって行われてきた日本中の神社の祭りは、すべて顕教の儀礼であるという。すなわち、『延喜式』の祝詞を主たる祭文とし、年中行事等として行われている「祀《し》」(天神の祭り)、「祭《さい》」(地祇の祭り)、「享《きょう》」(人の霊の祭り)は、みな顕教の礼奠《れいてん》である。これらはいずれも、無形無名の根元神が、特定の神となって目に見える世界にあらわれたのを祭るものである。

これに対して、隠教の方は、目に見えない根元神そのものにかかわるものであり、吉田神道の最上・最奥の教えであるとされる。この教えは、天児屋命の言葉を直接書き取ったといわれる秘密の経典「三部の神経《しんきょう》」(『天元神変神妙経』『地元神通神妙経』『人元神力神妙経』)の三つとされるが、存在自体が疑わしいといわれる)なるものに拠って、宇宙神秘の根元を明かすものと称されている。隠教の儀礼を行う施設として京都神楽岡の吉田神社内に設けられたのが、斎場所大元宮である。

茅葺八角造りという日本建築史上特異な構造を持つ大元宮を中心とした斎場所は、「日本最上神祇斎場所」とよばれ、神武天皇がこの国土ではじめて神を祭ったとされる鳥見山《とみのやま》(奈良県榛原町、ただし別の地をあてる説もある)の霊畤《まつりのにわ》にその起源を持つと説かれた。すなわち、日本国のすべての神々がはじめて下界にあらわれたところがこの斎場所であり、日本国大中小の神社は、みなここから分かれたものであると主張された。斎場所には、伊勢神宮をはじめ国内すべての神社の祭神が祭られ、吉田神道奥秘の行事とされる隠教の儀礼がここで執り行われた。

斎場所は、神々の根元、万物の根元を祭る場であり、そこで行われる行事は、宇宙万物の根元との直接的な交流に他ならない。この、宇宙の根元と人との直接的な交流のあり方を、兼倶は「三元三行三妙加持《かじ》」（神道加持）とよんでいる。加持とは本来仏教の用語で、仏が与える（加）慈悲の力を、人が信心によって受けとめ保ち（持）、仏と人との一体が成り立つことをいう。兼倶は、加持の語の示す感応道交のニュアンスをそのまま借用しつつ、しかも加持の語の起源は、日本神話の神の名に由来するものとする。彼がいうには、天孫降臨に先立って地上に派遣され、荒ぶる神々を平定した「加四魔・勝取」（鹿島・香取）の二神の名が「加持」の語の起源であり、二神の事跡は、「此《ここ》に於て彼《かしこ》を治むる秘術の起《おこり》」をあらわしている。また、船に取りつける「楫《かじ》」の起源説話として知られる神功皇后の新羅出兵の話を引きつつ、船の部品である楫に、「カヂ」の名が与えられたのは、楫を動かすことによって、楫とは別の物である船が自在に操れる、すなわち「此に於て彼を治むる」ことができるからなのだと説明する。要するに「加持」とは、異なる二つのものの連動・相関をあらわす言葉だというわけである。天孫は高天原にいながらにして、地上を平定することができた。それは鹿島・香取両神宮の祭神、「カシマ」「カチトリ」の神の働きによるものである。船の楫は、船自体とは別の物でありながら、楫と船の動きは連動している。それゆえ、人間と宇宙の根元との交感・交流もまた、「此」と「彼」の連動・相関の原理たる加持によって行われるべきであるとされるのである。こうしたこじつけ的な論法にもとづいて、斎場所内で行われる行事の唱え言の冒頭には、必ず「無上霊宝神道加持」の一句が口頭で発せられるものと定められたのである。

神道加持の力によってなされる隠教の行事（内場行事）の中心は、三壇行事とよばれる。これは、浅略の位で初重《しょじゅう》相伝分とされる「十八神道行事」、深秘《じんぴ》の位で二重伝授分とされる「宗源神道行事」、および秘中の深秘位で三重伝授分の「神道護摩《ごま》行事」の三つから成っている。行事の詳細は省くが、「壇」とか「護摩」という言葉から容易に推測がつくように、これらの行事は濃厚に密教修法の影響を受けたものである。また、その伝授にあたっては、相応の金品が要求され、初重伝授以上は容易に取得できない制約があるなど、中世の秘伝的世界の一端をうかがわせるものである。しかし、たとえ三壇行事の実際が密教と習合した怪しげな代物であったとしても、この行事が形而上学的実在との直接的交流として位置づけられていたことは、思想史的に大きな意味を持つものといえる。

## 我即神の行法

伝統的な祭祀は、たとえばそれが神がかりの形で神人の合一を示している場合でも、基本的には神と異なる人が、人と異なる神を祭るという構造からはずれることはなかった。兼倶のいうところの顕教の儀礼においては、儀礼を行う者は、あくまでも人としての儀礼執行者であった。これに対して隠教の儀礼は、そうした神人分離以前の、神人同一の根源の場における行為として意味づけられている。一歩内場に踏み入り、隠教の儀礼に携わるとき、司祭者は単なる祭る人ではなくなるのである。内場においては、人は儀礼を執り行うとともに、みずからの内奥の根元者に帰入しなければならないとされる。人はそこで、人の本来性、すなわち根元としての神に帰するのであり、儀礼はかかる神人同一を直ちに体現することである。三壇行事を執り行うということは、具体的なこの人あの人が、本来の人（神）に帰ることなのである。その意味で、三壇行事は、技術としての祭祀儀礼であるというよりは、人格の変容をもたらす修行の性格を色濃く持っているということができるであろう。

このように、吉田神道独自の行法は、加持という神人の直接的交感の境位において、人がその本来の自己を実現するためのものであるということができる。兼倶の講じた伝授の中に、次のような言葉がある。

天地一体、我即神、神即我、是を国常立尊といふ。吁《ああ》、国常立尊に始《はじまり》て、国常立尊に終わるものなり。（『神道切紙・祓八ヶ大事』）

個々の人間が、「我即神、神即我」の境位においてみずからを祭る吉田の行法は、神を祭るわざであると同時に、人が真の自己にめざめるための修行なのでもあった。

ところで、こうした神人同一の実現のために、吉田神道が特に重視した具体的なあり方は、「清浄・正直」ということである（「神道は、清浄正直をとるぞ」『神書聞塵』）。伊勢神道が正直を重んじたことについては、すでに見てきた通りである。禊《みそ》ぎ・祓《はら》えとの関連で身体、心の持ち方、祭りの環境等のさまざまなあり方についていわれる「清浄」も、ある部分では正直と重ねられつつ、伊勢神道をはじめ伝統的祭祀の世界で大変重要視されてきた。吉田神道における清浄・正直の重視も、こうした祭祀世界の伝統に沿ったものであった。ただ、これまで見てきた吉田神道の形而上学的傾向は、こうした清浄・正直の理解についても一歩踏み込んだ見方を示している。それは、清浄・正直それ自体を教えの目的とみなす考え方である。

さきに見たように、伊勢神道においても、正直は神と同じ境位を共有するための条件であり、正直において人と神は同一になりうるという理解が示されていた。とはいっても、正直はあくまでも神を祭るためのあり方、神に対するためのあり方であって、祭りの目的そのものであるというところまでは至っていなかった。しかし、神を祭ることが、神人同一の根元の実現という修行的意味合いを強く持つ吉田神道においては、心身の清浄・正直それ自体が神との合一であるという理解が引き出されてくる。さらにつきつめれば、清浄・正直それ自体が神なのだという理解も可能となってくるのである。

この太元より一大三千界を成《なし》て、一心より大千の形体を分かつ。何ぞいはんや、森羅万象蠢動含霊《ありとしあらゆるもの》、すべて一神の元より始て、天地の霊気を感づるに至て、生成無窮なり。心の本源は一神より起り、国の宗廟は万州を照らす。（伝兼直撰『神道大意』）

無形の一神から万物は分かれ出で、無形の心がさまざまな事物の形を意識する。心の本源たる無形・不動の一心は、天地の根元たる無形の太元尊神と同一である。一念の発する以前の「心の本源」に帰ることが、清浄・正直の根本義である。「神の内證は、一物を貯へざるを本」とし、「胸中一分を貯へざる」「一心清浄、鏡の如」きさまにおいて、心は根源の神に帰するとされる（『神書聞塵』）。さきに引いた、「柱」が神と正直を同時に象徴するとする説も、そうした神と清浄・正直の同一性理解の一端を示していよう。浦島太郎の無分別は、吉田神道において、一念動かず一物を貯えない鏡のような意識のありようそれ自体が神であるという理解へと展開されたのである。

清浄・正直自体を神と見る発想は、空を存在の根底におく仏教的発想ときわめて似通ったところがある。というより、むしろそれは、吉田神道の発想自体が、仏教的な存在論に多くを負っているためなのである。したがって、こうした理説は、神道の純粋化を志向する後の神道諸流派から多くの批判を浴びることになる。とはいえ、神道的な清浄・正直のありようを、形而上学的にとらえ直したことは、それ自体一つの注目すべき功績である。このとらえ直しによって、禊ぎ・祓えといった神道儀礼は、念仏や坐禅のような明確な型を持った真理をめざす行としての意味づけを与えられることになり、神道の思想・儀礼が専門的神職以外の人々にも広く普及するきっかけが作られたからである。特に、吉田家が案出した三種大祓という簡易な祓えの文言は、お念仏やお題目のようなものとして一般に広まり、神道の行法の普及に大きな役割を果たしたのである。

これまで見てきたように、吉田神道の理論は、仏教や易をはじめとするさまざまな思想の雑多な受容の上に成り立つものであった。また世俗世界を超越した形而上学が説かれる一方、対世間的な対応においては、現世利益的、権力志向的な世俗性を引きずるものでもあった。しかし、そうした不徹底な部分も含めて、吉田神道の教説が、以後の神道思想の展開の一つの足がかりを準備したことは否定できない。

吉田神道の特異な教説は、一方で外来思想の影響下にありつつも、同時に他方で、それらを超えた根本的な思想体系を日本の神をめぐる思索を根拠として打ち立てようとするものであった。『名法要集』には、次のような記述がある。

吾が日本は種子を生じ、震旦(中国)は枝葉を現し、天竺は花実を開く。故に仏教は万法の花実たり。儒教は万法の枝葉たり。神道は万法の根本たり。かの二教は皆これ神道の分化なり。

仏教や儒教の理論体系とも通じ合う普遍的な真理を、日本の言葉・観念によってとらえ直そうとする兼倶の意気込みは、伊勢神道の教説とともに近世思想界に継承され、神道の新たな可能性を切り拓いていく基盤となったのである。

# 第六章　神儒一致の神道

## 上下秩序と神道

儀礼というものは、一体に上下の区別のやかましい世界である。お焼香の順番や披露宴の席次、あるいは記念撮影の並び方など、普段なら「どうだってもよかりそうに思われること」で頭を悩ませた経験は、多くの人が一度や二度は持っているであろう。しかし、儀礼というものが、もともと、神や仏のような目に見えない気をつかう相手との交流に発するものである以上、それはある意味で当然のことでもある。

常識的に考えて、気心の知れない見知らぬ他者と接するときには、相手を上に奉ってそうのないよう振舞うのが、最も無難で有効な仕方であるだろう。多くの人は、たとえば初対面の挨拶などにおいて、おのずからそのように相手を敬う態度を取っているように思われる。私たちの外部の者、私たちにとっての他者と対するときのこうした儀式的な行動は、おそらく、見なれぬ客である神を迎える祭祀のありようと根源を一にする。

神の祭祀に限らず、一般に儀礼の世界には、おのずから中心があり、上下の序列がある。そこは決して等質な空間なのではなく、演劇の世界と同じように（演劇自体が儀礼に淵源するともいわれている）、隅々まで主役、脇役、脇役の脇役といった区別が浸透している質差を含んだ空間である。たとえば、二十四時間、一挙手一投足に至るまで儀礼的空間に身を置いている永平寺の修行僧の世界では、最初にまず徹底的に上下の区別が叩き込まれる。というのも（教理的な理由もあるのだが、実際的には）、そこではすべての進退が、導師や首座《しゅそ》といった主役の動きに合わせて行われねばならず、そのためには、箸の上げ下げ一つをとっても反射的に上位の者の動きに注目する習性を身につける必要があるからである。読経する僧たちは、堂行《どうあん》とよばれる古参の僧の操る木魚や磬子《けいす》（仏壇のリンの巨大なもの）に声を合わせねばならず、堂行は読経全体を指揮する維那《いの》の口を見ながらそれに合わせて鳴らし物を打ち、維那は仏を礼拝供養する導師の進退に合わせて緩急を調節する。そして上下関係に貫かれた複雑なマスゲームが最終的に志向するのは、寺院の場合、本当の主役たる見えない仏なのである。

どんなに複雑なものであろうと、儀礼の世界の中におけるあらゆる関係は、基本的に上下関係である。すべての振舞いにおいて、上位の者のそれは絶対であり、下位の者はそれに合わせなければならない。導師は磬子の合図に従って礼拝するのではなく、逆に合図の磬子が導師の拝礼の動きに従って鳴らされるのである。合図と動作が喰い違った場合、間違いの責任は下位である合図をする者に負わされる。なぜなら、仏と直接向かい合う導師には、そそうや誤りは決してあってはならないことだからである。儀礼を貫く上下関係は、儀礼の主体の振舞いの無謬性、絶対性を保証するものであり、その根底にあるのは、祭る者と祭られる何者かとの間にある根源的な上下の別なのである。

測り難い、それゆえ、そそうの許されぬ気をつかう客である神を迎えるわざにも、そうした構造は基本的に貫かれている。神道の教説が、神とともに過ごす緊張に満ちた経験を形あるものとして反復する、祭祀をめぐる理論的な反省から生まれてきたことは、すでに見てきた。それらの教説は、さまざまな形をとりながらも、最終的にめざすところが、神さまとうまくやっていくこと、すなわち祭祀を大過なく成功させることにあるという点では基本的に一致している。とするならば、祭祀を成り立たせる重要な契機となっているこの上下関係構造もまた、神道教説の緊要な課題の一つとなることが予想されるであろう。実際、近世には、上下ということの形而上学的な思索を軸に据えた神道説が登場し、思想界の大きな勢力を占めることになった。それが、山崎闇斎《あんさい》（一六一八～八二）の創唱にかかる垂加神道である。高名な儒学者であった闇斎は、儒教における君臣上下の道のあり方と、中世以来の伊勢・吉田の神道説を結びつけ、下たる者の道として神道を定式化する。彼は、神とともにある根源的な経験を、君臣関係をモデルにとらえ直し、神道を上下関係の観点から解き明かそうと試みたのである。

## 儒学者山崎闇斎

山崎闇斎ははじめ比叡山に入り、のちに京都の妙心寺で禅僧となり、やがて土佐の吸江寺に移った。ここで土佐の儒学者野中兼山《けんざん》(一六一五〜六三)、小倉三省《さんせい》(一六〇四〜五四)によって朱子《しゅし》学の学説を教えられ、それまでの仏教を捨てて還俗し、ひたすら儒学者の道を歩むことになる。闇斎二十五歳のことである。

闇斎の儒学説は、当時官学とされていた朱子学であった。朱子学の理論については後述するが、ともかくも闇斎は、「生まれながらにして敏捷穎悟」(『山崎先生行実』)な性質と、狂熱的な集中力によって頭角をあらわし、四十代には、会津藩主保科正之《ほしなまさゆき》(一六一一〜七二)をはじめ諸大名に儒学を講じ、京都堀川に開いた塾は、弟子六千人といわれる賑わいをみせて、大儒の名をほしいままにした。

闇斎が朱子学者として名を成しえたのは、無論彼の学問的能力の高さということもあったろうが、それ以上に彼の性格からくるほとんど異常ともいえる徹底性が大きな要因として働いていたように思われる。闇斎は、夾雑物を排した純粋な朱子学を追究し、日常の実践においても、妥協を許さぬ厳格さをもって道義的人格の形成をめざした。闇斎の講義は峻厳をもって鳴り響き、そのことがかえって、太平の世の惰弱な気風を嘆く硬派の武士たちの人気を博す結果となった。彼の塾における師弟の間は、あたかも君臣関係を思わせる厳然たる上下関係に貫かれており、講義の間はたとえ相手が大名高官であろうと容赦のない厳しさで指導がなされたという。彼の書を講ずる声はまるで大鐘の響きのようで、その顔は怒るがごとく、弟子たちは鳥肌立つ思いで怖れおののき、到底師の顔を直視できなかったと伝えられる(『先哲叢談』)。

概して朱子学派は、上下の秩序にやかましく、何事も道理にもとづいて厳しく裁く風を特色としているが、とりわけ闇斎学派は、他の儒学者たちから、寛容さを欠いた「残忍刻薄」な学であるとの批判を受けるほど、厳格主義の最右翼を走るものであった。時代は少し下るが、湯浅常山(一七〇八〜八一)の『文会雑記』には、松崎観海(一七二五〜七五)の言葉として次のようなことが述べられている。

『朱子文集』を読めば、朱子の人柄はよくわかるが、とても今いわれるような窮屈な人であったとは思われない。今日、朱子学を学ぶ人の人柄が偏屈になったのは、おおかた山崎闇斎から始まったことであろう。

この闇斎が神道と出会ったのは四十八歳の年、保科正之に儒者として招かれたときのことであったという。正之は、三代将軍家光(一六〇四〜五一)の弟で、四代家綱(一六四一〜八〇)の後見をつとめ、儒教的文治主義政策を推進した名君として知られる。正之は四十歳ではじめて『小学』を読み、以後もっぱら朱子学を奉じていたが、やがて神道にも関心を持ち、寛文元(一六六一)年には、吉田神道の伝授保持者である吉川惟足《よしかわこれたる》(一六一六〜九四)を招いて神道を学び、寛文十一(一六七一)年に、四重奥秘の伝を授けられ、吉田神道の道統を継承

会津藩幼年者
什《じゅう》の掟

一、年長者の言ふことに
　　背いてはなりませぬ
一、年長者には御辞儀を
　　しなければなりませぬ
一、虚言《うそ》をいふ事は
　　なりませぬ
一、卑怯な振舞を
　　してはなりませぬ
一、弱い者をいぢめては
　　なりませぬ
一、戸外で物を食べては
　　なりませぬ
一、戸外で婦人と言葉を
　　交へてはなりませぬ
ならぬことはならぬものです

什とは、藩士子弟のグループ組織のことで、藩校日新館の通学区ごとにいくつかが編成された。

している。四重奥秘は唯授一人を定めとする最高の秘伝で、正之は同時に「土津《はにつ》」の霊神号を授与されている。これ以後、朱子学と神道とは会津藩の教学の要とされ、敬神と道義に貫かれた会津士道が形成されていくこととなる。今日、会津若松市内のそこここに見られる、「ならぬことはならぬものです」(藩士の子弟教育に用いられた標語)と書かれた看板は、正之に発する会津士道の面影を現在に伝えるものである。

山崎闇斎が、神道の世界に積極的にかかわるようになったのは、保科正之の家臣で、吉川惟足門下の神道家服部安休《あんきゅう》(一六一九〜八一)と正之の前で論争したことがきっかけであったといわれている。その議論の詳細は不明であるが、ともかくも闇斎は神道に取り組

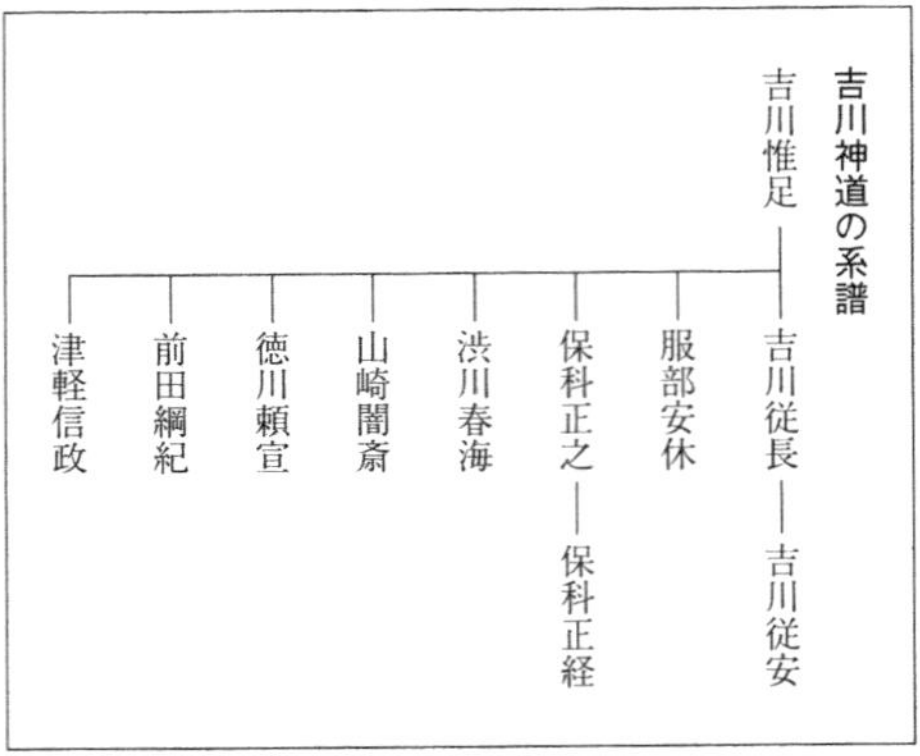


吉田神道の系譜を引く吉川惟足は、幕府の神道方を務めた。門下には、会津、和歌山、金沢などの藩主の名がみえる。

む決意を固め、寛文九（一六六九）年には伊勢に赴いて、伊勢大宮司《だいぐうじ》河辺《かわべ》精長《きよなが》（一六〇一～八八）から『中臣祓《なかとみのはらえ》』の伝授を受け、同じ頃、近世伊勢神道を代表する理論家度会延佳《のぶよし》（一六一五～九〇）とも交渉を持ったことが知られている。寛文十一年には、吉川惟足から吉田神道の説を聞き、「垂加霊社」の号を授与されている。すでに述べたように、「垂加」の語は、倭姫命の神託に由来するものである。さらに同じ頃、闇斎は保科正之自身から吉田の四重奥秘の伝を授けられている。

このように、闇斎は、当時の正統的儒学である朱子学において一家を成すと同時に、中世以来の有力な神道の道統を一身に継承したわけである。では、儒学と中世神道との結びつきの上に創唱された垂加神道とは、一体いかなる教説であったのだろうか。そのことを見ていくためには、まず闇斎が拠って立っていたところの朱子学の理論を、彼自身の理解に即しながら確かめておく必要があろう。

## 朱子学の理論

朱子学とは、中国宋代に朱子（一一三〇〜一二〇〇）によって大成された儒学の一派で、宋学、道学とも、あるいは代表的な思想家の名を取って程朱の学（程明道・程伊川・朱子）ともよばれる。わが国には鎌倉時代に禅僧によって伝えられたが、思想界で一定の影響力を持つようになるのは、江戸時代に入ってからのことである。

朱子学思想の特色は、理気二元論とよばれる形而上学的な宇宙論にもとづいて、人間存在や道徳を説明しようとしたところにある。元来儒教というものは、人間社会のルールを主たる問題関心とする教えで、宇宙論や形而上学には関心の薄い、どちらかというと現世主義的な思想流派であった。しかし、現実主義的傾向が強いとされる中国社会においても、深遠な哲学を背景とする仏教の教えが次第に浸透し、また道教の神秘的世界観が人々の心をとらえるなどして、儒教の側においてもそれらへの対抗上、形而上学的な理論装置の必要が高まっていた。そうした要請に応えるものとして生まれてきたのが、朱子学である。朱子学は、仏教の「空」や老荘思想の「無」の思想に対抗して、「理」という形而上学的実在を主張し、「理」を根拠として儒教の伝統的人間観や道徳説を体系化しようとする。それは、現世否定的な、あるいは現世超越的な諸思想を批判しつつ、現世肯定的な儒教の世界観に理論的な根拠を与えようとするものであった。

朱子学によれば、眼前の世界に存在する一切の事物は、決して夢でも幻でもなく、確かにそれとしてある「実」なるものである。朱子学派は、「虚無」や「空」の教えを排し、みずからを「実学」であると宣言する。そして、眼前の一切がそのあるがままにおいて真であり実であると説く根拠とされたのが、「理」という概念である。

たとえば、目の前に何か物があるとする。そしてその物は、緑の葉を茂らせた一本の木であったとする。このとき、「この木がある」ということを考える仕方は、哲学者の数だけさまざまにありうるが、朱子学の場合は次のように考える。「これがある」ということは、これがこのようなもの(たとえば樹木)としてそこにあらわれているということである。というのも、この木があるといえるのは、この木が一定の形をした物として目の前にあるからなのである。逆にいえば、「これこれこのようなものとして」を取り除いてしまえば、この木はないのである。そしてこの、「かくのごときものとしてある」を成り立たせている原理が、「理」であるとされる(「かくのごとく」と「ある」を分けて考え、前者を特に「当然の理」、後者を「所以の理」とよぶこともある)。

したがって朱子学では、ある事物が一定のあり方をしているということと、そのものが存在していることの原理とは、同一のものであるとされる。つまり、個々の事物の本性と、すべての事物の存在を成り立たせる普遍的な原理が、根本的に同一であるとされるのである。これが朱子学の基本命題である「性即理」ということである。のちに見るように、山崎闇斎の垂加神道においては、理のこのようなとらえ方が、神の理解にそのまま重ねられ、神と人との根源的一体性が説かれていくことになる。

さて、このように朱子学においては、天地万物はすべて、普遍的な「あらしむる」理が、これこのようなものとして特殊的に顕現したものであるということになる。そして、理によって物が物としてあらしめられているありさまが具体的にあらわれているのが、天が万物を生ずる光景であるとされる。すなわち、理によって物があるということは、物が生じられているありさま、たとえば親が子を生み、天が雨を降らせて草木を生じさせるといった、天地間に無窮に働く生成の光景として直観されるのである。あるということは、理によってあらしめられるということであり、それは具体的には、生じられてあるということなのである。

ここから、事物の存在根拠としての理は、具体的には、物を生ずること自体、あるいは物を生ずる意志・働き（「生意」）であると理解されることになる。この生ずる意志・働きが、特定の本性を持った個々の事物となってあらわれてくるのである。したがって、鳥が鳥であり、蛙が蛙であるという理は、生意としての理が事物に分有されているものととらえられる。そして、天地万物の中にあって、物を生ずるが、他から生じられることのない天というものだけは、物を生ずることのみを無窮に繰り返す運動（「生々」）として理解され、それゆえ天は全き理そのものであるとされる。天は生々のみをこととする理そのものであり、天の運動から万物は生成される。天によって生じられた事物は、それぞれ天の理を分け与えられた存在者であり、形や性質は異なっていても理というレベルにおいては同一の存在である。天地は一つの理に貫かれており、万物は根本的に一体なのである。

ところで、宇宙根本の理は、一言でいえば生じあらしめることであり、万物はその理をそれぞれの本性として分有していると見る朱子学の考え方は、世界の内部構造を一種の価値序列に貫かれたものと見る見方を導き出してくる。というのも、上のような考え方にあっては、物があるということは、直ちに生じられてあるということを意味し、したがって物が存在するということ自体が、生ずるものと生じられるものという対等ではない関係構造を含むことになるからである。

たとえば、万物があるのは、天によってあらしめられているからである。人や動物は親から生まれ養育されることによって存在を開始し、維持するわけであるから、それらは親によってあらしめられた子としてあるということになる。同じように、社会関係においても、家臣は君主の俸禄によって養われ、そのことによってみずからの存在を維持している。

このように、何かが存在するということは、常に上位の者によって存在させられるという構造において成り立っており、その最上位に位置するのが理そのものとしての天だということになる。物があるということは、上下尊卑の序列の存在を意味することになるのである。

ここから、朱子学の理論では、天地万物全体をひっくるめて一つの物と見た場合、そこを貫く理は、「上下がある」ということ（上下定分の理）であるとされる。天は尊く、地は卑しい。また君は尊く、臣は卑しい。この尊卑の序列はすべての事物の関係を貫いており、その根拠は生じることとしての理という、形而上学的な原理にあるとされるのである。

## 究理と持敬

このように朱子学においては、理は普遍絶対の原理であるとされた。ここから、人間の振舞いや事物のあり方は、理にかなうことが真であり善であり、理に反することは偽であり悪であるとする思想が生まれてくる。

理が絶対であるというと、理に反するあり方はどこから出てくるかが当然疑問となってくるが、朱子学ではこの疑問に対しては、物質的な「気」という概念を持ち出して答えようとする。すなわち、事物は理を備えつつ、同時に物質としての形を持っており、この物質的な部分の持つ傾向性（情・欲）によって、本来の性（理）の発現が妨げられるのだというのである。

この説明が成功しているかどうかは別として、ここから、人の人としてあるべきあり方は、情動や欲望を克服して本来の性に還る（復性、復初）ことであるとされる。人があるということは、生じられてあるということであったから、この人の還るべき本来性はしばしば、天から生を授かった生まれながらの無垢なあり方、すなわち幼児の純粋性のイメージでとらえられることになる。ともあれ、朱子学的世界観は、その帰結として、純粋に理と一枚になりきるあり方を、人間の修養の目標に掲げることになるのである。

物質的傾向性を克服して完全に理と一体になった人格は、聖人とよばれる。天地万物の中で、天だけは純粋な理そのものであるとみなされたから、究極の人格たる聖人は、天と等しいものであるとされる。朱子学の修養論は、こうした天と等しい聖人をめざす（天人合一）修行として位置づけられる。その一方で、人の本来性の直観的なイメージは、生まれたばかりの赤ん坊の心に比せられる。一方の極に天（聖人）を、一方の極に幼児を置くこの発想法が、中世神道の正直のとらえ方と類似していることは、容易に納得されるものと思う。このこともまた、闇斎において朱子学と神道とが結びつく一つのきっかけとなっている。

さて、朱子学において、理との完全な一体をめざす修養の具体的な方法は、「持敬（居敬）」

と「究理」の二つを主な柱とする。

さきに述べたように、宇宙根本の一理は、一つ一つの事物に分有されて、その事物の本性(性)となっている。人の場合も同様であって、人がまさに人であることを成り立たせている理を人は生まれながらに備えている。人の本性としてのこの理は、「仁」とよばれる。すなわち、人の性は仁なのである。天の理である、生じ育む意志・働き(生意)が、人において発動しているものが仁である。したがって、仁は具体的には、人や物を愛し養い育むことであるとされる。すなわち、人や物を傷つけ損わないこと、裏返していえば、他者を肯定しその存在をあらしめつづけることが、仁の基本である。朱子学の用語では、このことを「仁は愛の理である」と表現する。人や物を傷つけ損なうこと、あるいはそのありのままを認めないこと(誤解したり非難したりすることも、相手のあるがままを損なうことである)は、不仁であり、生意としての理に反する悪であるとみなされる。人が生まれながらの本性を実現して理と一体化することは、具体的には仁者になるということを意味する。聖人とは絶対的な仁者の謂《いい》である。

仁の実現とは、一口でいえば理と一体となることであるが、これには大きく二つの側面が考えられる。一つは、事物の理を正しく認識すること、そしてもう一つは、みずからの振舞いが常に理にかなうようにすることである。大ざっぱにいえば、前者が究理に、後者が持敬にそれぞれ相当する。

まず、事物の理をそのまま正しく認識するということは、知る心と知られる理が一体化するということである。このことは、仏教の観想念仏の行を思い起こすとわかりやすい。たとえば、心が阿弥陀仏の姿を完全に思い描き、他の何物も心の中に浮かんでいないとき、自己の心は阿弥陀仏以外の何物でもない。心のどこを探してもあるのは阿弥陀仏だけなのであるから、心と阿弥陀仏は同一であるということができる。究理の場合も、実は同じ理屈で理との同一・一体が説明できる。心がある事物の理のみを正しく認識しているとき、鏡と鏡に映った像とが実体的に区別できないのと同様に、心の現象と知られている理とは同一である。その限りで、自分の心は理と一体であるということができる。そうして、心が個々の事物の理を常に正しく認識しつづけていき、ついに天地間のあらゆる事物についてそれぞれの理を知り尽くしたならば、そのとき心は宇宙全体の理とひとつになったということができるであろう。朱子学では、個々の理を究めていったはてに、「一旦豁然《かつぜん》」として「貫通」する時節がいつかは到来し、そのとき人は天と等しい聖人となるのだと主張するのである。

こうした確信のもと、朱子とその弟子たちは、さまざまな事物についてその理を知的に把握する究理の営みを熱心につづけたことが、『朱子語類』等によって知られる。こうした営みは、一方で本草学や博物学のような東洋的自然学が生まれる一つのきっかけともなるのであるが、なぜかわが国の朱子学派においては、究理の修行はさほど重要視されなかった。

日本の朱子学派において特に重視されたのは、むしろもう一つの修養法である持敬である。敬とは「つつしみ」であり、持敬とは、自己の心身を常に理にかなうようにつつしみ保つことを意味する。具体的には、精神を対象に集中させ(主一無適)、雑念のまじらぬ明晰な状態を保つことが敬の工夫(やり方)であるとされ、敬に徹しきった状態になることで、視聴言動が道理にかなうように正されるものと考えられた。

敬は元来は、儒教の儀礼(礼)にかかわる概念で、礼を行う際の基本的な心構えとしての精神の緊張を意味していたが、朱子学ではその概念が大きく拡張され、敬それ自体を修養の目的とみなす考えがあらわれてくる。敬は「聖学の始めをなし、終わりをなす」(『大学或《わく》問《もん》』)ものとされ、人間のあらゆる営みは、敬を基盤とすることによって理と一致するものと考えられた。ここから、静坐によって精神の覚醒を保つ坐禅に類した修行方法も編み出されることになり、敬は、個々の行為を正すことを超えた、一種の精神的境地の確立をも意味するものとなる。敬は、具体的な行為において道理をはずさないための心身の条件であると同時に、敬《つつ》しむあり方自体が、仏教でいう悟りに類した修養の到達目的ともされたのである。

## 心身一致の工夫

さきに見たように、山崎闇斎は朱子学者という立場において神道と出会った。そして彼は、垂加神道を創唱したのちも、朱子学を奉じつづけた。そこで、彼の神道説の特色を考えるためには、彼の朱子学理解がどのようなものであったかを知っておく必要がある。

闇斎の朱子学説の特色は、徹底した敬の重視にあると見られる。闇斎は、朱子の言葉にならって、「敬の一字は、儒学の始めを成し終わりを成すの工夫」（『敬斎箴講義』）であるという。儒学が、古《いにし》えの聖人以来綿々と伝えてきた「道統の心法」は、「この敬に過ぎず」とされ、歴代聖人の真意は、ただこの敬を説くことにあったというのである。

闇斎の説明では、敬とは、「ただ浮《うか》となく、心をきつと持ちたる」（『大和小学』）ことである。あるいは、「この心をうかうかと放ちやらず、平生仡《きっ》と照らしつめるを敬といふぞ」（『敬斎箴講義』）であるともいわれる。「きつと」とは、「心をはっきりと呼びさまして、この間一物もなく、活潑々地《かっはっはっち》の当体」なるさまをいう。儒学の修養は、心身を正しく養い保ち、日用人事を疎かにしないということにつきる。心が何らかの働きをしている時には、身体もまたそれに応じて動いている。この身体の動きがすなわち事（行為）である。したがってその事を正すためには、心の状態とそれに連動している身体の動きを正さなければならない。この「心身一致の工夫」が敬なのである。

闇斎の主張する敬は、心をつつしむことであると同時に、視聴言動を正すことでもある。「外形を正して猥《みだ》りに動ねば、内心も正しきものぞ。外形自惰落《じだらく》なれば、内心もぐつたりとして、取り締《し》めなきものぞ」と闇斎はいう。心を「きつと」持つというのは、精神を常時はっきりと覚醒させ、身体のすみずみまで緊張と意識が行きわたっている状態である。意識が他へそらされることなく(「一物もなく」)身に行きわたっているとき、心身は真に安らかに、いきいきとした状態(「活潑々地の当体」)となる。この当体において人は、「千変万化のこと」それぞれに応じて、「道理の儘《まま》に明らかにさばくこと」が可能となる。すなわち、「通達自在」「不偏不倚の中を執る」ことができる。鏡に明らかに物が映るように、事物の理をあるがままにとらえ、それにのっとって振舞うことができるようになる。敬の至りにある者こそは、理との一体を実現した仁者であるというのである。

### 敬は臣下の道

ところで、敬の工夫においておのずから明らかに見えてくる道理は、直接には人間関係を貫く理法を指している。闇斎は、「心身ともに全ければ、五倫(君臣・父子・夫婦・兄弟・朋

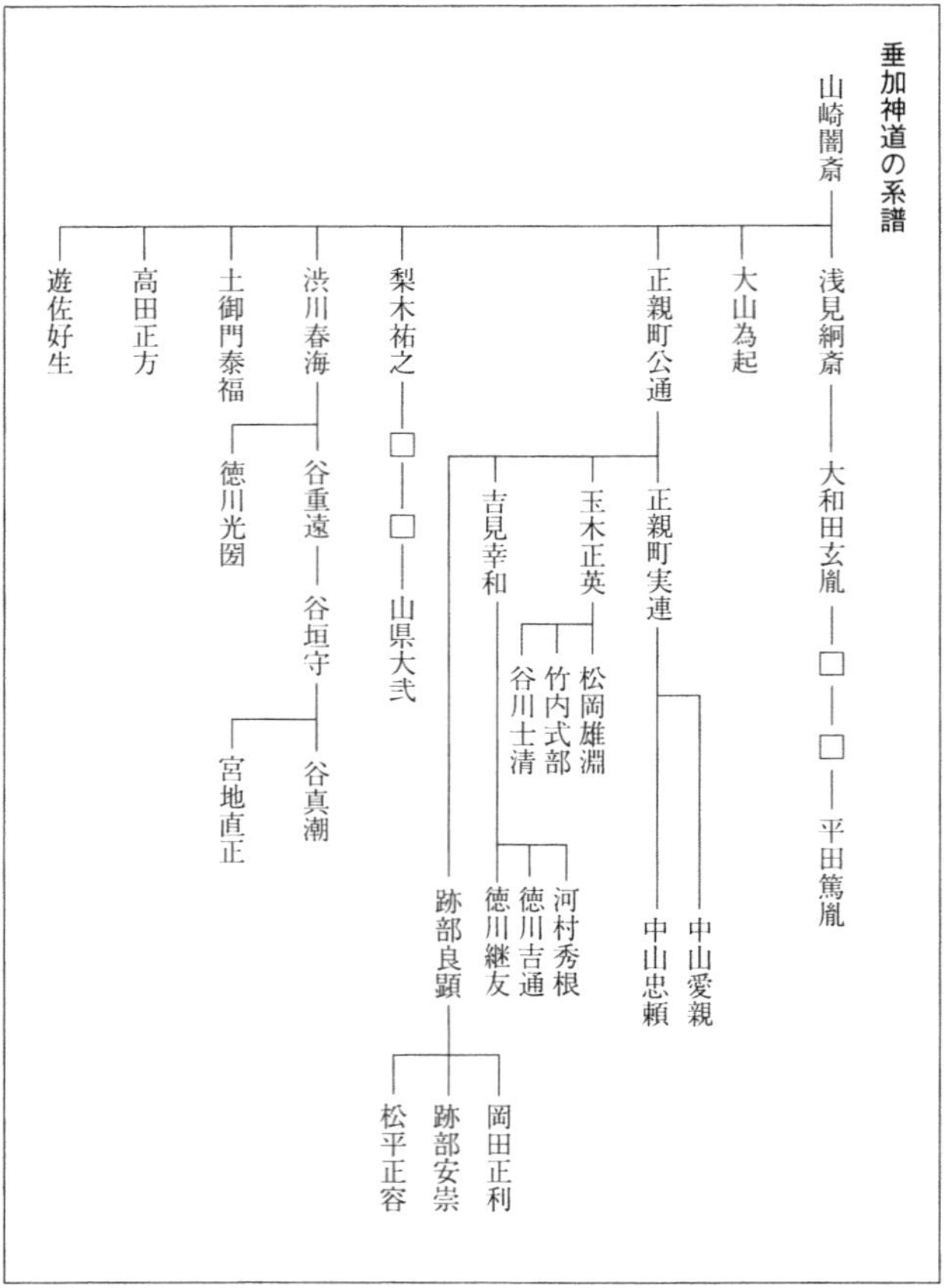


垂加神道の流れは、竹内式部、山県大弐らの尊王家を生み出した。また、貞享暦で名高い渋川春海、陰陽道の総帥土御門泰福、尾張藩主らの名も見える。

友）の間も明らかにして、五の次《つい》で（序列）各々所を得て、国家天下も安平なり」という。また、「人の一身には五倫ことごとく備りて、その身の主と成る物は心なり。故に心敬すれば、一身修まつて五つの序《つい》でも明らかなり」ともいう。敬するとは、外形的には、現にある君臣上下の秩序にのっとって行為することに他ならない。しかしながら、闇斎は、敬を単に外的な秩序にしたがうことであるとは考えなかった。彼にとって、外的な礼儀・秩序にしたがうことは、自己の心の本来性にめざめることと全く一つであった。さらにいえば、彼にとってめざめるべき真理と、君臣上下の秩序とは全く同じものなのであった。

闇斎にとって、君臣関係は、親子関係と同じく先天的で自然的なものであった。というよりも、君臣関係は親子関係よりももっと根源的な関係として理解されていた。彼の考えでは、天地が成立すると同時にこの世界において最初に生じた関係、つまり宇宙根本の理の最も基本的な顕現態が君臣関係なのである。この世界は、君臣上下関係を基本構造として成り立っており、天地のかたち自体が敬の根源性を示しているのである。この点は、他の多くの儒学者が、この世界の基本構造を親子の関係（たとえば天地を万物の父母ととらえる見方）でとらえていたことと、著しい対照を成している。

> 礼に曰く、天は地に先だち、君は臣に先だつ。その義一也。坤《こん》の六二、敬以て内を直くし、大学の至善、臣、敬に止《とど》まる。誠に旨あるかな。（闇斎編『拘幽操《こうゆうそう》』）

天地という二分節は、この世界の根本形態である。その世界の原形と、「君は臣に先だつ」こととは同じことを意味しているという。「坤《こん》の六二」とは、筮竹《ぜいちく》占いのバイブル『易経』の中の、地を象徴する形（卦《け》）である「坤」の解説文を指す。天を象徴する「乾」が、天・王者・夫の道を示すのに対し、「坤」は地・臣下・妻の道を示すものとされる。この文脈の中で敬は、天にしたがう者のあり方として言及されている。敬は、下にあって上にしたがう者のあり方を示すのである。

闇斎において、敬は端的に臣下の道である。このことは、元来が人の上に立つ君子の道を説き、臣下のあり方を説く場合も君は君、臣は臣というそれぞれの職分のバランスに立っている一般的な儒学からみて、著しく一方に傾いた考え方であるといえる。しかもそれは、現実の役割としての臣下のあり方であるのみならず、宇宙の真理とのかかわりにおける根源的な道でもある。いいかえればそれは、個々の主君に仕えるあり方であると同時に、絶対的な真理としての主君に仕える道でもある。真理とは宇宙を貫く理であるが、その理に対するにあたかも絶対の主君に仕えるがごとくするのが、敬の根本なのである。「上帝とは、天理を尊《たつとび》て呼ぶ詞」であるが、敬とは「この上帝と対するが如くなれ」ということなのである。

## 神を迎える心身

さきに述べたように、敬はもともとは礼と関係する概念であった。このことは、闇斎もはっきりと意識していたようである。たとえば、敬の説明の一つとして、「大さうなる祭を司りて、神霊に相交《まじは》る時の心の如くせよ」というようなことが述べられている。理とひとつになる心のあり方が、神を迎え入れる祭祀と重ねられているのである。あるいはまた、『大和小学』には、「程易に、大震にをる道は、敬のみなりといへり」という一文がある。「程易」とは、朱子学の先駆者、北宋の程伊川《ていいせん》（一〇三三〜一一〇七）による『易経』の注釈書である。この一文の意味するところは、『易経』の中の「震」（雷鳴を象徴する）の卦の説明文の内容が、敬の趣旨に合致するということである。『易経』の解説文の大意は、次のようなものである。

雷鳴が聞こえると、人々は恐懼するが、去ってしまえばにこにことする。雷鳴が百里四方を驚かせても、心に敬を持って祭祀に当たる人なら、あわてふためいて祭具を落とすようなことはない。

ここに示されている震の卦の象徴するものは、「宗廟社稷《しやしよく》を守り、もって祭主となるべき」人の心構えである。敬に徹しきった者の、不動にして自在な心身のありようが、神を迎える祭主のあり方に比せられているのである。

このように、闇斎においては、理を体現する心身のあり方が、神を迎える祭主の心身のあり方に対応するものと考えられている。それは、究極の上位者たる「上帝（天理）」を仰ぎ、あるいは「晴れがましき歴々の客人に見《まみ》ゆる」ときの心持ちに喩えられる、「戦々兢々」たるつつしみである。この「佗《きつ》と慎しむ」ことにおいて、心は曇りのない鏡のように、「虚然として自若」の境地に至る。敬の至りにあって、人は理とひとつになり、道理のままに振舞うことを得るが、この境地は、神が照覧し納受する清浄・正直に等しいものと闇斎は考えるのである。

以上のことから、理と神、理を体現する心身と神を迎える宮、修養と祭祀、敬と清浄・正直といった対応関係が見えてきたことかと思う。ただ、こうした対応関係は、山崎闇斎独自の発見によるものというわけではなく、すでに中世神道や闇斎以前の儒学者の説にもさまざまな形で見られるものである。吉田神道のところで触れた通り、具体的な祭祀の場面から形而上学的理論へ、あるいは祭祀にあずかる者の務めから普遍的な人間の修養へという流れは、神道教説の展開の大きな方向性を形づくっていた。闇斎の果たした役割は、そうした方向性を受けつぎつつ、敬を中心とした朱子学的理論を用いてその組織化、体系化に力を発揮したところにあるといえるだろう。とくに、絶対的な理と結びつき、それゆえ妥協の許されない厳しいものとして体現されねばならない敬を根底におく闇斎の考えは、彼の狂熱的な人柄と相まって、神道の世界に背筋の慄えるような厳格さを持ち込むことになる。しかも、闇斎の敬は、根源的な上下秩序における下たる者の道という傾きを顕著に持っていたから、それが神道にあてはめられたとき、神と人の世界は、究極の一神を頂点とした厳しい上下関係秩序によって編成し直されることになる。このことは直接には、天皇を絶対視する尊王思想と結びついてくるものである。

　闇斎は、敬に徹した臣下の典型を、唐代の文人政治家韓退之《かんたいし》(七六八～八二四)の詩『拘幽操《こうゆうそう》』に描かれた文王(前十一世紀頃)のありさまに見てとっている。この詩は、中国史上でも一、二を争う暴君といわれた殷《いん》の紂《ちゅう》王(同)によって、罪なくして幽閉された文王の心境を述べているが、忠臣の大義を示すものとして、朱子が大いに顕彰した。「君臣の義は天性にて、蜂の巣蟻の穴までも、このよしありぬ」(『大和小学』)とする闇斎も、「臣の位をまもり、背ける国をひきゐて殷につかへ」た文王の事蹟をうたったこの詩を、世間に広く伝えるためみずから出版をしている。その大意は、讒言《ざんげん》に遭って真っ暗な牢に閉じ込められ、目も見えず声も聞こえず、昼夜の別もわからず、生きているとも死んでいるともつかぬ困苦惨痛の中で、それでもなお自分は罰せられて当然であり、主君は聖明であると詠嘆するというものである。たとえ主君がどうあろうと、「本心」から「真実愛《いと》しうてならず」(浅見絅斎『拘幽操師説』)とするこの一種異様な心意こそが、闇斎の考える臣道としての敬の極致なのであった。こうした、下たる存在者のありようについてのマゾヒスティックなまでの徹底は、彼の神道理解にも当然影を落としている。垂加神道の教説は、中世のさまざまな神道説の集成という面を持っており、そこにはさまざまな主題・論点が展開されているが、そうした中で大きな特色を示しているものの一つは、やはり敬の厳格主義にかかわる部分であろう。次章では、このことを中心に、垂加神道の教説を見ていくことにしよう。

# 第七章　神道の宗源は土金にあり

## 土金の伝授

「一大事の神道の入派の伝がある」。山崎闇斎の講説を弟子の浅見絅斎《けいさい》(一六五二～一七一一)が記録した『神代巻講義』は、このような出だしで始まっている。「神道の入派」にして「神道の始終」をなすとされるこの「神道一大事の伝」は、「土金《どこん》の伝授」の名で知られている。

土金の伝授とは、簡単にいえば、物質的元素としての土と金とによって人間存在を説明し、かつそのことが神代神話を貫く一つの主題を形成しているとする説である。この説は、木火土金水の五元素によって万物の成り立ちを説明する陰陽五行思想と、中世の付会的神話解釈とが結びついてできた考えで、闇斎の神道の師吉川惟足が、朱子学の説にもとづいて組織化したものを闇斎が継承し、神道の最重要の核を成すものとしたのである。

この説の基本は、一切の物は土から生ずるとするところにある。すなわち、万物は土が一定の形に凝固して、その物として成り立つという。闇斎は、「土でなければ物は生ぜぬぞ」と述べ、その土がばらばらではなく、「ぢつとしめよするところで、物は生じたものぞ」という。土が締まることで、万物は生じるというのである。そして、物が物として形を成すように土を凝集させるところのものが、金であるとされる。

「金で土がしまる」、すなわち、物が物として成り立つことを、土金の伝では、土《つち》がしまる、すなわち「つつしみ（敬）」であると説明する。土と金は相離れぬもので、金は土の中に「兼《かね》て」あるものである。この金によって土は凝り固まるのであるが、この金が金気として発動するのは、「ぢつとつつしんだ処」である。つつしみ（敬）は人の心にあるから、つつしんだ心に金気がきざし、それによって人は人として存在を保つのだという。

こうした理屈は、五行思想の中の相生《そうしょう》説とよばれる考えと、中世的な付会的語義解釈をまじえながら説かれている。相生説では、火は土を生じ、土は金を生ずるものとされ、また五行を五臓に配当する考えでは、火は心臓に相当するとされる。さらに、火の訓は「ホ」に通ずるから、神の宿る場所である「ほこら」は「火蔵《ほくら》」の義であると説かれる。ここから、心の「つつしみ」によって、土が「ぢつとしまり」物が生じ（火生土）、その凝固の中心に金気（理・神）が宿る（土生金）というわけである。

闇斎によれば、土金によって万物の生成や相互関係を説く考え方は、『日本書紀』神代巻を貫く根本テーマとなっている。たとえば、伊奘冉尊の死の原因となった軻遇突智《かぐつち》（火神）を伊奘諾尊が斬って五つにする場面は、火から「いつつ」すなわち「土」「五行（万物）」が生成する火生土の道理である。また、大蛇の尾から剣を取り出すなど剣に縁の深い素戔嗚尊は、金気の神であるために気が荒く、この神が母伊奘冉尊の去った根の国へ行きたがるのは、土から生じた（土生金）神であるからだという。土金の伝授とは、要は、神代神話を解釈する際は「すべて神書で土といふ所では、必ず念を入れ、気をよく付《つき》て見るべし」（『神代巻講義』）ということなのである。

このように、垂加神道説においては、理との一体化を生の目的と見る朱子学の世界観の体系が、そのまま日本古来の神道の精神と重なるものとされる。その、儒教と神道との端的な一致点は、「敬」と「土」が和訓を同じくするというところに見いだされる。敬において理を体現する道徳的修養は、金を芯として土がしまるということを媒介として、心に神を迎え入れることで人は人としてのあり方を全うするという中世以来の神道の精神と重ねられるのである。

それ、我が神国伝来の唯一宗源の道は、土金に在り。而して土は即ち敬なり。けだし土と敬とは倭訓《わくん》相通ず。而して天地の位する所以《ゆゑん》、陰陽の行はるる所以、人道の立つ所以なり、その妙旨、この訓に備はる。（『土津霊神《はにつ》の碑』）

保科正之の墓碑銘のこの一節は、神儒一致の垂加神道説の要点を端的に示している。「唯一」「宗源」は、正之・闇斎が継承した吉田神道に由来するものである（ただし、唯一の語の解釈は吉田・垂加で違いがある）。ここでいわれているのは、土金として伝えられてきた神道の伝統が、敬によって天地人道が成り立つとする儒学の思想と一致するということである。すなわち、神と理とが一致し、敬による理との一体化が、つつしみ（清浄・正直）によって心の中に神を祭ることに対応するのである。闇斎は、しばしば心身を一軒の家にたとえ、家の主人たる心が門戸窓室を正しく治める(敬)ことによって五倫の道徳が成就すると説くが、この家の比喩がそのまま、「心はすなはち神明の舎」(一三〇ページ参照、ただしこの句の出典も実は朱子にある)とする中世以来の神人観と同じことを意味するものとされるのである。

**神道の道徳化**

もっとも、闇斎自身は、こうした神儒の一致を、儒学の理論を付会して神道を解釈するものと見てはならぬという。陰陽五行思想の典拠である『易経』と、『日本書紀』との一致を説く考えは闇斎以前からかなり一般化していたが、闇斎はこの二つを、どちらかが一方を説明する関係とは取らず、それぞれ独立して成立しながらしかし指し示す所が一致しているととらえるのである。

宇宙は唯《ただ》一理なれば、則ち神聖(神と儒教の聖人)の生ずること、日出の処、日没の処の異なりありといへども、しかもその道は自づから妙契するもの有りて存す。(『洪範全書序』)

垂加神道の入門誓紙にも、神道と他の外来思想を付会することを禁ずる一項があり(「異国の道、習合仕まつるまじき事」)、闇斎が神道と儒教を区別することにこだわっていたことがうかがえる。とはいうものの、彼が神道固有の論理であるとする土金自体が、『易経』の思想の影響下に生まれたものであることは否めない。そもそも、土金が神道固有のものであるとされる根拠は、忌部氏伝承の神典と称する『八箇祝詞《はつかののりと》』の「天地の体は土なり。性は金なり。故に久堅《ひさかた》の天、荒金《あらかね》の土也」という文言、ならびに『御鎮座本紀』の「人は乃《すなは》ち金神の性を受く。須《すべか》らく混沌の始を守るべし」という文言にあるといわれるが、これらがすでに陰陽五行説にもとづく付会の説であるのは明らかである（ただし、「金神」は金銅の仏であるとする見方もある）。闇斎の意図がどうであれ、垂加神道が神儒習合の神道であることは確かであり、その点は近世中期以降にあらわれる復古神道の立場からの厳しい批判にさらされることになる。たとえば、本居宣長《もとおりのりなが》は、中世的な秘事伝授思想を批判して、次のようなことを述べている。

今の世に秘事伝授などとことごとしくいうものがあるが、これらはみな好事家の作り事で、一向に取るに足りないものである。どの伝授も、品こそ変われ、その大意は儒教や仏教にへつらって作ったもので、あるものは陰陽五行の道理、あるものは君臣治国修身の道徳に付会したものである。だいたい、神道や歌道について道徳がましいことをいう説は、大方作り事と心得ておくがよい。（『講後談』）

闇斎の神道説が、宣長のいうように儒教にへつらったものであるかどうかは、今は措《お》こう。

また、習合付会という思考法が一般に無意味・無効であるかという点も、ここでは判断を保留しておく。そうした批判的言辞を取り除いて、なおここで注目したいのは、宣長が、神儒習合神道を、神道の道徳化を意図するものであるととらえている点である。闇斎が神儒の明らかな付会を行ないつつ、なお神道と儒教を区別しようとしたことの根底には、神話・神道をわが国における自生的な道徳教説として読み取ろうとする意志が働いていたのではないかということである。

神との遭遇という緊迫した特異な体験を、心身変容の修行的様相においてとらえ直す方向性は、吉田神道においてははっきりとあらわれはじめていた。ただ、吉田神道においては、そうした修行のめざす目的は、寿命・健康・財産という多分に現世利益的な、素朴な願望の実現という面を残していた。儒教的教養が広まった近世には、神道が祭祀儀礼の場にとどまらず、広く「人隣日用の間」を貫く道であることが説かれるようになる。神道が、仁義礼智の道徳をも含む広い道であることは、たとえば度会延佳の『陽復記』などで強く説かれたところであった。しかし、神話がそのまま道徳教説であり、神道の目的そのものもまた道徳にあるとする徹底した道徳主義的神道をそれとしてはっきり打ち出したのは、やはり垂加神道にとどめをさす。垂加神道は、神代神話の物語が覆う日本という領域を、そのまま朱子学的道徳秩序と重ね合わせようと試みる。このことは、一方で、神々を道徳的存在としてとらえる見方を徹底し、一方で日本という空間がその成り立ちからして道徳的な世界であり、それゆえ諸外国に優越するという攘夷思想の一つの原型を形づくることになる。折口信夫が今次大戦中の神道のあり方を反省しつつ述べた「文化倫理運動を方便とする政治行動」(『神道の友人よ』)の一つの淵源は、こうした垂加神道の道徳主義に発しているのである。

## 君臣合体守中の道

自然科学をモデルとした今日の学問とは違って、近世において学と名のつく営みは、多かれ少なかれ、私たちの生の究極の根拠や目的を知り、そこへの到達をめざすためのもの、いわば十全な生の実現をめざす方法であり実践であると考えられていた。朱子学が一名道学とよばれていたことはすでに見たが、近世の学問は、基本的にみな人の人たる道を学ぶ営みなのであった。

朱子学の根底にあるのは、宇宙の究極の実在である理と、有限な存在者である人間とは、この身のままで直ちに合一することが可能であり、かつ合一せねばならぬとする、一種過激な観念であった。しかし、理は本来自身の内に備わっているものであり、それとの合一をはかる方法は決して神秘的・呪術的なものであることを要しない。それは、具体的には

「日用事物当行の理」(朱子『中庸章句』)という日常的な道徳を徹底して行いきることとして示される。闇斎の強調した敬は、形而上学的実在と日常の道徳的実践を結びつける論理であると同時に、具体的な修養のあり方でもあった。

闇斎においては、人間の存在も当為もすべて道徳にあるとするこの考えが、土金を媒介として神道に結びつけられていた。土金の原理は、垂加神道において、あらゆる事物について適用されるのだが、特に重要なのは、それが日本という時空全体の成り立ちについてまで適用されているという点である。

闇斎は、「我が神道の宗源は土金に在り。而して其の伝は悉《ことごと》くこの書(日本書紀)に備はれり」(『藤森弓兵政所記《ふじのもりゆづえまんどころのき》』)と述べている。彼は、『日本書紀』が異説を取捨せず一書として残してある点を、「敬の至り」であると高く評価し、神典の第一として尊崇する。彼の『書紀』の読み方は、基本的に中世以来の諸注を集成したものであったから、その基本理解は、神代神話を天孫降臨を眼目として構造化するものであった。すなわち、神と天皇、神と人の関係や、この国土のあり方が根源的に確定した時点を天孫降臨のときに見、天孫降臨説話の意味づけを通じて、神道の基本精神を立てようとするものであった。そして闇斎においては、天孫降臨において確定する日本という時空のあり方を示すものが土金であり、つつしみということであった。

> 天地の間において、土の働きが集まって中央に位置すると、四季が正しく運行し、さまざまな物が生じてくる。これが大和言葉の土地之味《つちしみ》、土地之務《つちしむ》の意味であり、敬をつつしむと訓読する理由である。五十鈴川（伊勢内宮の地）は土（五＝いつつ）が金（鈴）を生じ、金が水（川）を生ずる道理を示している。伊勢は五瀬の和訓（いつせ）で、五十鈴川の名から出ている。天地四方の中で、五つの気から万物が生成する際、清濁・美醜の偏差が生じるが、わが国は、とくに秀れて、土金の気が盛んであり、開闢以来、皇祖神・天皇の正統が永くつづいている。これは、天照大神の神勅の本意であり、天児屋命、天太玉命《あめのふとだま》（忌部氏の祖）、天村雲命《あめのむらくも》（度会氏の祖）の守護と、猿田彦神の導きによるものである。そして舎人親王（『書紀』の編者）の伝えた深遠な思想であり、藤森神社（京都深草にあり、舎人親王を祭る）に残る神代の遺法なのである。（同前）

ここでは、宇宙の秩序の中心である土金の凝集点（敬の中心）が、伊勢の五十鈴川上の地、すなわち内宮に比定されている。そして、万物の存立・秩序の中心である敬は、天照大神の天壌無窮の神勅とその実現としての皇統の連続性が意味する当体であると考えられている。内宮に天照大神が祭られ、皇統が時を超えて連続し、それを神職（神道）が外護する体制が、わが国神道における土金（敬）の具体的あり方なのである。そして、天照大神の神体を伊勢に導いた猿田彦神は、まさに道を教える神として位置づけられている。垂加神道において、道とは天照大神に始まる皇統の連続性それ自体をさすのであり、それを支え守るあり方が、神道にのっとることに他ならないのである。ここから、垂加神道の次のような有名なテーゼが導き出される。

道は日神の道にして、教へは猿田彦の導く所なり。天照大神は生知安行の聖人なり。猿田彦大神は学知の聖人なり。（神道大系本『垂加社語』）

道は則ち大日孁貴（天照大神）の道にして、教は則ち猿田彦神の教なり。（『神代巻風葉集』首巻）

「生知安行の聖人」とは、生まれながらに道を知り、何も努力せずに道と一体化している存在をいう。すなわち、皇祖から天皇へという皇統はそれ自体が道であるから、皇祖皇孫はまさに生まれながらのありようにおいて道を体現しているということである。したがって、天皇ならざる一般の人にとっての神道は、皇統が道であることを学び知り、それを支え守っていく努力を重ねることだということになる。猿田彦神の教えとは、そのような位置（学知の聖人）を占めるのである。とするならば、神道とは、一言でいえば、上たる天皇があり、下たる臣下がそれを支える体制そのものであるということになる。このことを、垂加神道の用語では、「君臣合体、中を守るの道」といいあらわしている。

日本という心身

朱子学がそうであったように、垂加神道においても、君臣上下の関係は、契約や役割関係といった人為的な関係ではなく、物の存立の根源にかかわる自生的、形而上学的な関係であるととらえられている。垂加神道説では、この関係を、伊勢神道以来の国常立尊・天御中主尊の同体異名説にもとづいて説明する。闇斎は、儒学の敬の修養に相当する神道の行法として祓えを重んじたが、彼が『中臣祓』の文言を注釈した『中臣祓風水草』の中に、次のようなことが述べられている。

中は天御中主尊の中、これ君臣の徳となす。この祓、君、上に在りて下を治め、臣、下にありて上に奉ずることを述ぶ。而して君《くん》臣祓《しんのはらへ》と号せざるものは、その徳を以て君を称して、而して君臣合体中を守るの道を表して、以て中臣と号する者なり。（『中臣祓風水草』）

『神風和記』に曰く、聖徳太子云く、国常立尊を帝王の元祖となし、天御中主尊君臣の両祖となすと。嘉（闇斎）謂ふ。国常立尊、天御中主尊同体異名なり。しかるに国の以て立つ所は、則ち帝王の任なり。故に帝王の元祖となす。日本紀、国常立尊を首となす。この義なり。中は君臣相守るの道なり。故に君臣の両祖となす。（同）

一読しただけでは要領を得ない文言であるが、これらはいずれも、『中臣祓』の「中臣」の語の意味を説明するために記されたものである。ここでいわれていることがらの根拠をなすのは、傍点を施した、国常立尊を帝王の元祖、天御中主尊を君臣の両祖とするという部分である。この文言は、南北朝時代の天台僧慈遍《じへん》（生没年不詳）の『豊葦原神風和記《とよあしはらじんぷうわき》』に、聖徳太子（五七四〜六二二）の言として伝えられる。ちなみに、慈遍は、吉田卜部の一族で、兼好法師の兄であるともいわれている。

さて、引用文の大意は、おおよそ次の通りである。この祓えは、君臣関係それ自体を象徴している。中とは、天御中主尊の「中」で、君臣関係が実現するところの、徳を意味する。それならば、この祓えは「君臣祓」とよべばわかりやすいであろうに、あえて「中臣祓」と称するのは、君臣の実現する中によって君の徳を表現するためである。君臣が一体となって中を守る道をあらわして、「中臣祓」と称するのである。このように解しうる根拠は、国常立尊と天御中主尊が同体（君臣一体）かつ異名（君臣の別）であり、前者が天皇の元祖、後者が君臣共通の元祖であるからである。

例によって中世的な牽強付会を乱発する解釈であるが、いわんとする趣旨は、国常立尊と天御中主尊の同体異名という形而上学的根元における関係が神道であり、それは具体的には君臣の秩序であるということである。

この見方は、垂加神道の伝授の中でさらに詳しく展開され、ついには、日本という時空の全体を一個の道徳的な存在者としてとらえ、君臣の道（神道）をもってその構造とする考えを導いてくる。

闇斎の孫弟子にあたる垂加流神道家、玉木正英（一六七〇〜一七三六）の『玉籤集』には、「垂加霊社直筆を以て之を写す」とされる「中臣二字の伝」が収められているが、それには、以下のようなことが記されている。

あらゆる事物をひっくるめて「くるりくるりと運転する」のが天であるが、この天の主宰者が天御中主尊である。「天御中主」というのは、「天地万物を統御」するという意味の名称である。天地万物は一つの運動体としてとらえられるが、これを、その運動をさせる力・働きと、運動させられている物とに分けて考えた場合、前者が「帝王の立つ所」であり、後者が「諸臣万民の出《いづ》る」根源である。つまり、混沌たる運動の中にも、それを統御するものと統御されるものとの区別が、「隠然と」含み蔵されている。これを「天地本源自然生の君臣」関係というのであって、天御中主尊が「君臣の両祖」というのはそのためなのである。さらに、この「全体統御運転」の中で、回転が中心に向かって凝集し、「真中に主宰と成る」中心軸ができる。これを国常立尊という。これが宇宙の中心の統一者「帝王の御元祖」である。つまり、天地の運動を全体として見たときには、天御中主尊の働きであり、その運動の中心、すなわち「土金中心《なかご》」の凝縮点をとらえれば、国常立尊の主宰ということになる。運動の全体は天御中主尊、運動を統御するものは国常立尊、したがって二神は同体異名なのである。

この構造は、このまま日本という時空のあり方となってあらわれている。日本は、土金が凝縮した「自凝島《おのごろ》」であり、その空間的中心は伊奘諾尊・伊奘冉尊が立てた「国御柱(一名天御柱)」、時間的な中心は国常立尊から連綿と続く天皇の系譜である。それゆえ、日本という国土は、唯一の形而上学的実在(大元神)の現象態である。この実在は、統御する・される(君臣)という根源的二分節構造を含み持っており、それが土金(つつしみ)という構造原理を持つ一つの大きな物としての日本となって現象しているのである。

以上のような説において特徴的なことは、垂加神道においては、日本というものが、人間の集合とか、単なる地域のまとまりとしてではなく、形而上学的に見られた一つの物としてとらえられていることである。すなわち、日本は、天皇と臣下万物とが、土金(つつしみ)という物質的であると同時に精神的な構造原理において、上下の区別の条理に貫かれつつかつ一体であるような統一体として成り立っているというのである。あるいは、見方を変えれば次のようにいうこともできる。心のあり方であると同時に身体の原理でもある土金(敬)によって人が人であるのと同様に、日本という国もまた土金によって成り立つ、一個の巨大な心身である。自分の心に神を迎えるつつしみは、それゆえ、日本という国の構造原理でもある。日本が日本として凝縮統一されているつつしみは、不動の皇統とそれを支える臣下があるということ自体であるから、日本を貫く神道とは、君臣合体守中の道に他ならない。こうして、個々の修養としてのつつしみが、天皇に対する臣下の道としてとらえ直されることになるのである。

### 猿田彦神の教え

君臣合体守中の道としての神道を体現しているのは天照大神であり、天皇の存在であるが、これを教えとして明らかにしたのは、猿田彦神である。このいささか唐突な命題もまた、垂加神道ならではの特色を示している。

もちろん、ここで猿田彦神が持ち出されるには、それなりの理由がある。すでに述べたように、猿田彦神は、天孫降臨に際して、天孫の道案内をした神である。垂加神道もまた、天孫降臨の時点にこの国の神道の起源を読み取る立場をとっているから、猿田彦神が道を教えたということは、きわめて重大な象徴であると解される。さらに『御鎮座伝記』には、この神が「われはこれ天下の土君《つちぎみ》なり」と名乗って、天照大神の鎮座すべき場所として五十鈴川上の地を教え示したとする記事がある。「土君」は、この神が伊勢宇治山田の地主神を祭る「宇治土公《うじどこう》」氏の祖であるとされるところから来るものであるが、「土」といえば直ちに土金を考える垂加神道においては、当然のように、猿田彦神は「土徳」を備えた神であるとみなされる。その他にもいくつかの付会的根拠を挙げつつ、この神は「土の徳を得て天下の先達と」なり、「猿田彦命の守る所、導く所の神道、土金の伝、教は則ち猿田彦大神の教」（『玉籤集』）ということがいわれるわけである。

奇怪といえば奇怪な説であり、その根拠づけも例によって牽強付会に満ちたものである。ただ、ここで注目したいのは、そうした付会をどうこうということではなく、この猿田彦神なる特異な神が、神道者の仰ぐべき「先達」として掲げられていることの意味や効果である。

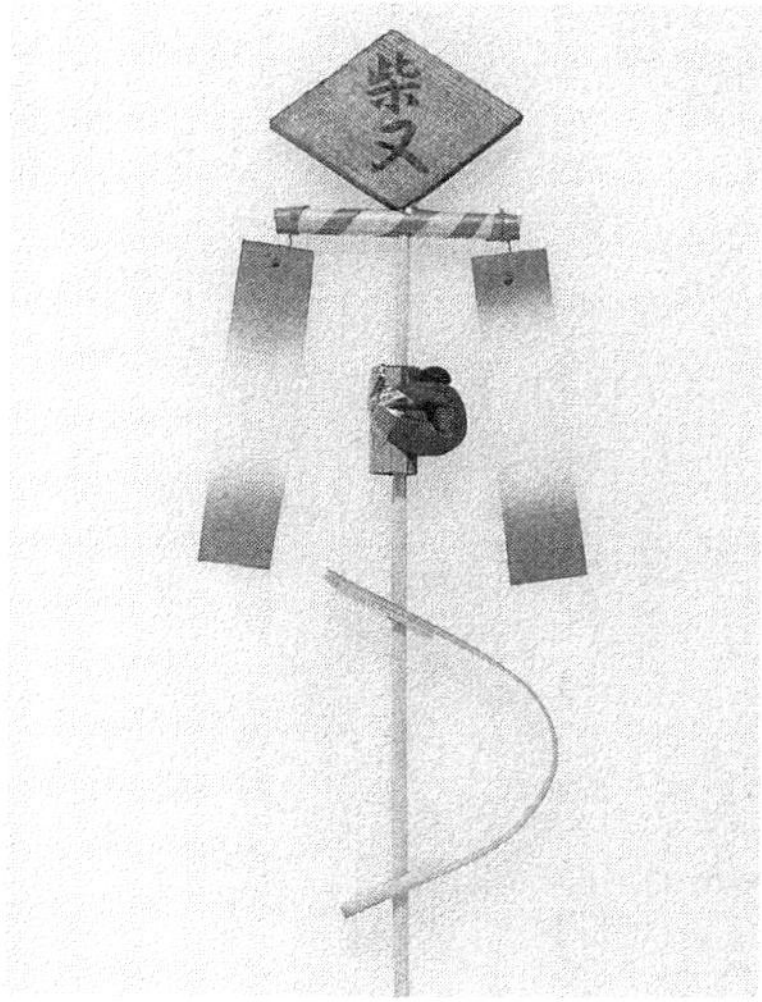

帝釈天のはじき猿
東京都葛飾区柴又帝釈天の名物はじき猿は、庚申信仰の猿の姿をあらわしている。

猿田彦神は、「申」が「さる」に通ずるところから、道教に由来する庚申信仰と習合されたり、道案内に縁があることから、道祖神とされたりしてきた。いわゆる「見ざる聞かざる言わざる」の三猿が、猿田彦神の姿をあらわすとする俗説も流布していた。三猿は、もともと庚申待ちの日に祭られた山王権現の使いが猿であるところから起こったもののようであるが、三つの象徴するところが何であるのかは、はっきりしない。しかし、垂加神道の伝授では、これを猿田彦神の姿であるとし、その意味するところは、「混沌の初を守る」ことであるとされる。『玉籤集』の「猿田彦大神の伝」では、三体に作るのは誤りだとしながらも、この見ざる聞かざる言わざるの形は、「混沌の姿」あるいは「胎中の形」であるといい、闇斎の門弟正親町公通《おおぎまちきんみち》（一六五三～一七三三）は、この姿を「混沌の伝」の要諦を示すものと述べている。

「混沌の伝」とは、『日本書紀』冒頭の天地開闢の光景の解釈で、万物の根元たる一者のあり方を、子が胎内にあって「両手にて目耳口をふさぎ、未見未聞未言、きざしを含みまろく玉のごとくして居る」姿に見たてたものである。この混沌の原初は、情意の発する以前の人の本来性、天地開闢に先立つ唯一実在を指しており、この状態に返ることがつつしみの本源であるとされる。「猿田彦大神は土金の敬しみを備へ給ふ御神なり」（筑紫従門《つくしよりかど》『豊葦原《とよあしはら》知辺草《しるべぐさ》』）とは、具体的にはその「未見未聞未言」の姿を指すものに他ならない。そして、混沌の場に「隠然と含蔵」されるきざしとは、「天地本源自然生の君臣」であるとされたから、「未見未聞未言」はそのまま臣下としてのあるべきさまを象徴するものでもある。

知覚、情意の発動を封じた「未見未聞未言」の姿は、どこか、前章で見た『拘幽操』の幽閉された文王の姿を思わせるものがある。「目、窅窅《ようよう》たり。それ凝り盲《めし》ひぬ。耳、粛粛《しょうしょう》たり。聴くに声を聞かず」という中に、文王の「臣、敬に止まる」あり方を見いだしたのが、闇斎の儒学説であった。本源的な君臣の道を教える猿田彦神は、「意念の根を抜き、源を塞《ふさ》ひで、君父が大切で止《やま》れず、真実愛しうてならず」(『拘幽操師説』)という、臣下であることを本性とする存在者の根源的な像を示しているように思われるのである。

人間が土からできているとする考えは、世界中に見られる。垂加神道の土金も、そうした考えの一様態であるといえる。そうした中で、土金の考えの持つ特色を挙げるなら、それは、金によって凝固するというところにあるといえるであろう。人は、神の手によって作られる(たとえば聖書の被造物という考え)のではなく、神が中心にあることによって凝固するというのである。この土金の中心は、根本的には国常立尊であり、君主としての天皇でもある。したがって、人は、君主によって凝固させられているということもできる。人が人たるありようとしての敬が、要するに上たる者を意識することに尽きるのも、この土金の構造によるのである。では、こうしたつつしみ(土金)は、日々の具体的な実践の中にあって、どのような特色をもってあらわれてくるのであろうか。最後に、その点について簡単に見ておくことにしよう。

## 聖人としての天照大神

垂加神道では、神道は、朱子学的理論にもとづく根源的な君臣道徳としてとらえられていた。それゆえ、神道の行いといっても、最終的には、現にある封建的秩序を守り、その中で生きていくこと以外にはないとされる。天照大神の道といっても、別に神秘的なものではなく、その実質は君臣・父子・夫婦・兄弟・朋友の五倫の道を守ることに尽きるのである。

このことは、裏返していえば、天照大神をはじめ、神というものの一切が、道徳の体現者、あるいは道徳の目標としてとらえられていることを意味している。天照大神は、理を体現した完全な道徳的存在者、すなわち聖人に比せられる。天照大神を頂点とする日本は、道徳の実現をめざす修養の世界であり、神代神話は道徳教説の体系として読まれるのである。

山崎闇斎学派は、きわめて厳しい学風を特色とし、闇斎自身も狂熱的な人柄であったことはすでに述べた。しかも、闇斎学の影響を受けた人々の多くは武士であったから、その道徳主義的な神道説も、殺伐とした形容するのがふさわしい厳格主義を特色とする。すなわち、その教説にも日々の行いにも、一点の不道徳さもまじえてはならぬとする、道学先生的な厳しさが特徴となっているのである。

たとえば、神代神話の中に、天照大神と素戔嗚尊が、「誓約《うけい》」を行なって子を生む段（いわゆる「瑞珠盟約章」）がある。これは、高天原を訪ねてきた素戔嗚尊の逆心の有無を問うためになされた一種の呪術で、互いに持ち物を交換し、それをもとに子を生んで、生まれた子がもし男なら悪心なし、女なら悪心ありと判定するわけである。このとき生まれた男神の一柱が、天皇の祖となる天忍穂耳尊《あめのおしほみみ》である。

この段の解釈について、吉田神道の奥秘の伝に、二神は「交合なされて出生させられた」とするものがあったという。吉川惟足が、この伝を保科正之に言上したところ、正之は、「日神の御徳義を瀆《けが》し申」す、とんでもない冒瀆だと「なみだを流して」、この伝を破り捨てよと命じたという。朱子学を奉ずる正之にしてみれば、姉と弟が男女の交わりをするなど絶対に許されない不義であり、しかも天皇の祖先が姉弟婚によって生まれたなどとは、到底認めがたいことであった。

闇斎は、あれほど温和な正之にしては、滅多にない怒りようだと述べつつ、この吉田神道説を、「何も知らぬもの」が作り出したものだとして否定する。天照大神を、「世界中に又とない御徳義」を備えた完全な道徳的存在（聖人）としてとらえる点においては、闇斎も正之と立場を同じくするから、闇斎の論は、『書紀』本文の文言に即して「男女の道のことはなかつた」ことを明らかにしようとするものであった。そこには、例によって、強弁とも実証ともつかない不思議な論法が用いられている。たとえば、瑞珠盟約章（『書紀』第六段）の、一書第三にのみ見られる、「日の神、素戔嗚尊と、天安河《あめのやすのかわ》を隔てて、相対《あいむか》ひて乃《すなは》ち立ちて誓約《うけ》ひて」という文言を引きつつ、河が間にあったのだから男女の交わりができようはずはないとするのなどは、その典型である。

御夫婦といふことはかいしき文段にないことぞ。やつぱり分々に生ませられたぞ。「隔天安河原」なども見るべし。そうでない証拠ぞ。（『神代巻講義』）

このように強調する闇斎の考えの根底にあるのは、『書紀』の世界を乱れのない完全な人倫的世界として教説化しようとする意志であり、より根本的には、上下定分の理のあらわれを天照大神・天皇に見いだそうとする発想である。五倫五常の道徳となって人間世界を貫いている理は、端的には天照大神の道として、すなわち皇統の持続として現前している。皇統は、それ自体が道の存在をあらわしているのだとする闇斎の考えは、のちに、天皇こそが儒教的な人倫の道の体現者であり、日本とは一つの道徳的実践の運動体（国体）であるとする水戸学の立場とも通じ合いながら、尊王攘夷運動の一つの思想的契機となっていくのである。

## 景色の裏側の道徳

神と理を同一視し、神道を事実上天皇への忠誠という臣下の道としてとらえる垂加神道の教説は、反転する景色として直観される神との素朴な出会いの体験とは、大きくレベルが喰い違っているようにも見える。神道とはいうものの、それはほとんど、世俗的、日常的な世界の道徳と重なってしまっているように見える。神は、その見通し難い暗さ・不気味さを取り払われ、透明な合理的秩序の内に回収されきったかのようである。確かに、垂加神道の合理主義的傾向に対しては、のちの復古神道のみならず、垂加神道の内部からも批判や反省が生じてくることになる。

とはいうものの、闇斎らの神道は、神との根源的な出会いの経験と全く無縁なところから生じたものではない。すでに見たようにそれは、神と積極的にかかわっていく心意としての清浄・正直を、意識的・自覚的に体現しようとするところから発したものと見ることができる。垂加神道の敬・土金の説は、日常的な意識のあり方を自覚的に反転し、日常世界それ自体を神の境位へと変換しようとするものだったということができるのである。それゆえ、神道の名において説かれる日常道徳は、単なる日常世界のしきたりを守ることではなく、自覚によってとらえ直された道徳である。それは、通常の日常的振舞いと外見上ではほとんど区別がつかないが、しかし仔細に見れば、どこか異様な緊張感に貫かれた厳しさを漂わせるものとなる。闇斎の道徳主義的神道の持つ厳格主義の根底には、おそらく神とともにある体験の内なる「戦々兢々」たる緊迫感がふまえられているのである。神の恐ろしさ、不気味さは、垂加神道においては、たとえば「金気」の議論の中にそれとなく反映しているように見える。垂加神道では、つつしみ(土金)の具体的実践は、情欲を去り、心身を清める祓えの行であるとされた。しかし、闇斎が実質的に祓えの場面として考えていたのは、次のようなことでもあった。

国に悪い者あれば、それを退治するがはらいぞ。あしき一揆、盗賊、およそ天下国家の害をなすことをば皆治めはらうがはらいぞ。(中略)天下国家はらうばかりが、上一人のはらいというではないぞ。やっぱり身心の祓どももぞ。(『神代巻講義』)

ここでは、武力によって治安を守ることが、一人の心身の祓えと連続して考えられている。土金のつつしみは、心身の祓えであると同時に、剣(金)によって人を斬る武士の心構えでもある。

金気といふは、別のものではない。あそこのづんと許さぬ処があるが金気ぞ。づんとさしつまりて、殺す道理になりてからは、人でもづんと殺すものぞ。少しも許さぬ心の、さるほどにきつかりとして許さぬ処ぞ。(同前)

「少しも許さぬ心」で「人でもづんと殺す」道徳は、すでにただの日常道徳ではない。それは、ある異様な境地へと反転されてしまった道徳である。もちろん、この厳しさの背景には、命のやりとりを日常としていた武士たちの気風があることはまちがいない。しかし、より根本的な理由は、道徳というものを、ある絶対的な何ものかとの交わりのあり方としてとらえ直そうとしたことにあるように思われる。垂加神道の厳しさは、神道を日常道徳へと引き下ろしたのではなく、日常道徳をそのまま向こう側の世界へ反転させようとした、いわば景色の裏側の道徳の姿なのである。

第八章

# 危ない私と日本

## 歌と祭り

およそ洋の東西を問わず、宗教と歌とは切っても切れない関係にあるように思われる。もちろん、日本の神や仏の世界も例外ではない。神楽歌や声明のようなはっきりとした音曲から、祝詞・寿詞《よごと》・読経・回向の独特の節回しにいたるまで、節・拍子に彩られた言語は、あたかも神的なものとの交流の場における公用語の観を呈してすらいる。

神とともにある経験の反省から生まれる神道の教説が、こうした歌われる言葉に無関心であるはずはない。事実、歌をめぐる省察の中からは、幕末・明治にかけてきわめて大きな影響力をふるった復古神道の原型が生まれてくるのである。

復古神道の母胎となったのは、国学とよばれる学問である。国学とは、本居宣長によって大成された日本の古典文学を研究対象とする学問で、その源流は元禄時代（一六八八〜一七〇三）頃の和歌・歌学の革新運動にある。国学は、何事も中国一辺倒の儒学者に対抗して、日本の古典の中に日本固有の道を探究しようとしたが、復古神道の教説は、その国学の提起した歌（文学・情）対道徳（儒学・理）という問題図式から生み出されてきたのである。

山崎闇斎の厳格主義はどちらかというと極端の部類に属するが、近世前半の思想的な諸言説は、基本的に大なり小なり儒教的な道徳主義を特色としていた。それらにあっては、人間という存在は端的に道徳的な存在者としてとらえられている。人間の本質は、普遍的な「五常の性」(仁義礼智信)であり、したがって人生の目的、人間の幸福、なすべきことの一切は道徳にあるとするのが、近世に流布した道学的世界像の基本であった。そこでは、理との一体化(本来の性の実現)こそが、唯一絶対の目的とされたから、これに反する一切のものは統制され克服されるべきマイナス価値を負うものとみなされた。この統制さるべきものとは、精神の集中・明晰を妨げる情動や欲望である。「天理」に対して「人欲」の名でよばれる情・欲は、鏡に生じた曇りに喩えられ、これを取り除くことが修養の目標とされてきたわけである。

こうした発想を神道に持ち込んだ代表が垂加神道の教説であったのは、すでに見た通りである。垂加神道の教説は、祭祀儀礼の場における緊張と集中、誤りなき進退といった側面を、敬を核とした道徳によって組織立て、理論化するものであった。

しかしながら、一般に祭祀の場が、一から十まで「戦々兢々」たる緊張だけで覆われているわけではない。神とともにある時間は、緊張や不安とともに、一種の非日常的な興奮や期待に彩られた時間でもあったはずである。神の祭祀は、不思議な陶酔としての「遊び」でもあったのである。

鬼の宴会にまぎれ込んでしまった「こぶ取り爺さん」は、恐ろしさにうち慄えつつも、「鬼どもが打ち上げたる拍子のよげに聞こえ」たので、「さもあれ、ただ走り出でて舞《まい》てん」

と思わず走り出す。その舞いが面白く愉快だったので、爺さんは思いがけない幸運にめぐまれる。一方、それを真似した隣りの爺さんは、「天骨《てんこつ》もなく、おろおろかなでた」ために、「このたびは悪《わろ》く舞たり」と、こぶを一つ増やして帰るはめになる（『宇治拾遺物語』）。歌舞音曲の「遊び」は、清浄・正直と同様、神的なものとの交流を成就させる重要な要件となっている。というより、思わず体が動いてしまう子どものように無邪気な興奮自体が、正直ということそのものなのかもしれないのである。

### 私情の発見

遊びは、鹿爪らしい進退作法とは、明暗の対比をなす。一方が「天理」に付会されるなら、遊びはちょうど「人欲」の情動・欲望に対応することになろう。儒学的な神道と国学から生まれた神道との対比は、事実おおむねそのような構図になる。

朱子学的な儒学においては、理という普遍的なものが何よりも優先される。このことは逆にいえば、個々人の感情や欲求といった特殊的・私的なものが、克服すべき対象とみなされるということである。「天理の公」こそが真であり善であり、「人欲の私」は偽であり悪であるとされるのである。江戸時代の文芸作品にしばしば見られる、世間と私情、義理と人情という対立・葛藤のモチーフは、そうした道徳的世界像のはらむ対立構図のあらわれであるといえる。

普遍的な道理にしたがうことを是とし、私情・私欲を滅却すべしとする命題は、きわめてわかりやすい図式である。しかし、一方でそれはしばしば、自己の内心を省みて真に正しいと信じられたものを貫こうとする誠実さとの間で、さまざまな矛盾撞着を引き起こすものでもある。というのも、自分にとって真実と思われることが、自己の内なる理にもとづくものなのか、あるいは私情・私欲によるものなのかを区別することは、実際はきわめて難しいことだからである。

朱子学的な儒学も、人生を導く指標としての思想である以上、今ここに現にあるこの私と、普遍的な真理・真実を結ぶことをめざすものであるはずである。近世の儒学思想は、出発点にあるこの私を、その個別性や特殊性を切り落とした普遍的な理（性）の水準でとらえた。しかし、考えてみれば、この私とは、他の誰とも異なる特殊事情の固まりのような存在である。他の誰とも異なる個人的特殊事情をすべて切り捨ててしまえば、それは私一般ではあるかもしれないが、少なくともこの私ではない。自分（私）を切り捨てて理と一体となるということは、素晴らしいことではあるだろうが、しかしそれは果たして自分の生の充足であるといえるのだろうか。このような疑問は、元禄期には儒学の内部からも提出されるようになり、古学や古文辞学といった新しい傾向の儒学が形成されてくる。さらには、そうした儒学的枠組み自体を根本的に引っくりかえし、個々の人の特殊性・個別性を、すなわち私情・私欲自体を人間の本質と見、そこから一つの道を構想しようとする思想が活発に展開されるようになる。私情というものを再発見、再評価し、そこから日本固有の神の道のあり方を導き出そうとしたこの思想の一つの先駆をなすのが、国学者賀茂真《かものま》淵《ぶち》(一六九七〜一七六九)の思想であった。

## 『万葉集』の理想世界

国学の源流は、近世前期の歌学の世界にある。中世以来、和歌の世界は、さまざまな秘伝・伝授を継承する少数の特権的な宗匠によって支配され、本来の創造的活力を喪失した因襲的世界に堕していた。こうした中で、情熱をもって心から歌を愛する在野の歌人たちの間から、歌の本来の面目を回復しようとするさまざまな動きが起こってきた。これが、国学の始まりである。

国学者と称される人物は、上手下手は別として、みな基本的には歌人であった。とくに、初期の国学者の多くは、素朴に歌を愛好する素人歌人たちであり、いかにして秀れた和歌を詠むか、またそもそも和歌の本質は何かといった問題関心に導かれて、古い時代の歌の研究に取り組んだのであった。

好きな和歌を自由に詠み、それが素晴しい歌として世間に認められることを願うのは、歌人にとって当然のことであろう。しかし、今日ではあたりまえのことに見えるこうした欲求も、当時の歌壇世界では決して無条件に認められるものではなかった。歌の世界は、宗匠家の独占する一種の免許制度によってがんじがらめに縛られており、参考とすべき古歌の意味から、係結びや枕詞といった修辞技巧の使い方、「てにをは」の意味・用法に至るまで、すべて宗匠に入門して教わり、その許可を得てはじめて自分のものとすることができるといったありさまであった。

初期の国学者たちの仕事は、中世以来の秘伝・伝授をきびしく批判するところからはじまった。たとえば、歌の末尾を「つつ」という語で締めくくる「つゝ留《どめ》」は、一種の免許を受けなければ使用が禁止されていたが、そのような決まりには何の根拠もないことが高らかに宣言された。彼らによって、和歌の御家《おいえ》の説は、古歌の解釈一つを取っても、取るに足らぬ妄説であることがこと細かに論証されるようになる。古典の本文に直接当たり、多数の用例の比較検討にもとづいて意味・用法を明らかにする国学者たちの研究は、今日の実証的国文学・国語学研究の一つの源流を形成していったのである。

国学者たちが中世以来の歌の学問を批判する際、その拠り所とされたのは『古今和歌集』序文の精神である。『古今集』は、中世の歌学において、絶対的な権威をもって尊崇された古典であった。国学者は、当時の歌壇において誰もが否定できない権威を有した『古今集』を逆に利用することによって、宗匠家による歌壇支配に風穴をあけようとしたのである。たとえば、『古今集』の序文には、「生きとし生けるもの、いづれか歌をよまざりける」というよく知られた文言がある。国学者はこの文言を根拠に、次のように主張する。すなわち、歌は、あらゆる生きものの本性である。人は誰でも歌を詠まずにはいられないし、また詠むべきである。したがって、歌を狭い歌壇の独占に任せることは、歌の本来のあり方に反するものである、と。

ここで注目されるのは、歌壇の独占を排するために用いられた論拠が、同時に、歌を人間の普遍的本性のあらわれと見る観念を示している点である。すなわち、人が自由に歌を詠むことは、単に歌壇のあるべきあり方であるというにとどまらず、それこそが人間本来のあるべきあり方の開花に、つまりは理想の人間世界への道につながるものであるとする考えが示唆されているのである。朱子学的な儒学が、人間を道徳的な存在者と定義し、道徳が完全に実現された人倫世界を理想としていたことと比較していえば、国学者による人間の定義は、歌を詠む存在者ということであり、その理想はすべての人が歌人として開花する世界なのである。

国学者たちにとって、『万葉集』をはじめとする勅撰和歌集（当時『万葉集』は最初の勅撰集であると考えられていた）の存在は、そうした理想世界のさまを端的に示すものとされた。たとえば、『万葉代匠記』などの業績で知られる国学者契沖《けいちゅう》（一六四〇～一七〇一）の師、下河辺長流《しもこうべちょうりゅう》（一六二四～八六）は、次のようなことを述べている。

和歌は、わが国のすべての民の思いを述べる言葉であるから、上は皇居から、下は芦で葺いた粗末な小屋に至るまで、人も所も区別なく、見るもの聞くものに寄せて、誰もがその志を述べるものである。そればかりか、春の鶯、秋の蟬をはじめ、生きとし生けるもので、その声にあやをなすものは、すべて歌を詠むのである。古い時代には、天皇は、遠くの辺地まで耳を傾けられ、漁師や木こりといった人々が思い思いに歌った歌の中から、あわれなるものは捨てることなく選び取られたのである。万葉集をはじめとする代々の勅撰集に、読み人知らずとして入集した歌の大半はそのようなものである。（『林葉累塵集《りんようるいじんしゅう》』序）

和歌は、すべての「わが国の民」が、一人一人の思い、私の情を表現するものである。上は天皇から、下は漁師・木こりに至るまで、人には人それぞれの思いがあり、その思いは歌に託される。そうした一人一人の思いは、最終的には天皇によって聞き届けられ、その思いが深くあわれなものは勅撰集に取り入れられた。このように述べつつ長流は、『万葉集』の理想を復活させるべく、「今また治まれる世」における新たな勅撰集編纂への期待を表わしている。

長流にとって、勅撰集は、単なる歌の集積ではない。それは歌を媒介として成り立つ一つの世界である。この世界は、日本人一人一人の私的な思いが、主宰者・聞き手としての天皇を媒介として統一された一種の精神的な共同体としてとらえられている。勅撰集に対するこうした意味づけは、勅撰集の編纂事業が太平の治世を象徴するものと見る、平安時代以来の伝統的な観念を継承するものである。歌の栄えが国の栄えであるとするこの伝統的観念は、今日も続く歌会始の儀にまで、綿々と受けつがれている。

さて、国学が発見した『万葉集』は、自己の生を歌に託そうとする歌人にとっての理想の世界であった。そこでは、歌に託された思いの深さだけが唯一の価値基準であり、身分・貴賤・貧富による区別は一切存在しない、自由で平等な世界であった。この世界は天皇を中心として成り立っているが、しかしここにおける天皇は上に立つ政治的な統治者であるというよりは、自身も一人の歌人である超越的・中立的な聞き手・判定者として和歌世界を主宰する存在である。『万葉集』は、歌人としての天皇を中心にして、万民の深い思いが綾をなし昇華する世界なのであった。

とはいえ、万葉的理想世界の観念は、あくまでも和歌集という一つの言語世界に即したものであって、現実の古代の生活世界とは、さしあたり区別されるべきものである。歌の世界と、実体的な治世のあり方とを直ちに同一視することはできないであろう。しかし、ちょうど同じ時期の儒学者たちが、古代中国の無為太平の世に理想的な道徳世界を見いだしていたことへの批判・対抗を通じて、万葉的世界はそのまま古代日本の理想の治世を示すものとみなされるようになる。『万葉集』に見いだされた歌の道が、歌という限定をはずされて、道そのものへと読み換えられていくのである。この移行を明確に表現したのが、賀茂真淵である。

### 高く直き心

真淵は、歌人の理想とする万葉的世界のありさまを、「高く直き心」(『にひまなび』)の表現であると定義する。「高く」とは、思いの激しく深い勢いを、また「直き」とは内面の私情が包み隠さずありのままに表出されるさまをいう。一人一人それぞれのものとしてある内面の私のありのままの思いのたけが、正邪を問わずそっくりそのまま表出され尽くした歌の風格を、真淵は「丈夫《ますらを》の手ぶり」とよぶ。そして、古代の和歌に顕著な「ますらを」の姿こそが、歌というものの本来のあり方なのだと主張するのである。

真淵は、「いにしへの歌は、よろづの人の真心なり」(同)という。ここでいわれる真心は、「仁」とか「理」といった人々に共通な道徳性ではなく、他人とは分かち合うことのできな

国学・復古神道の系譜

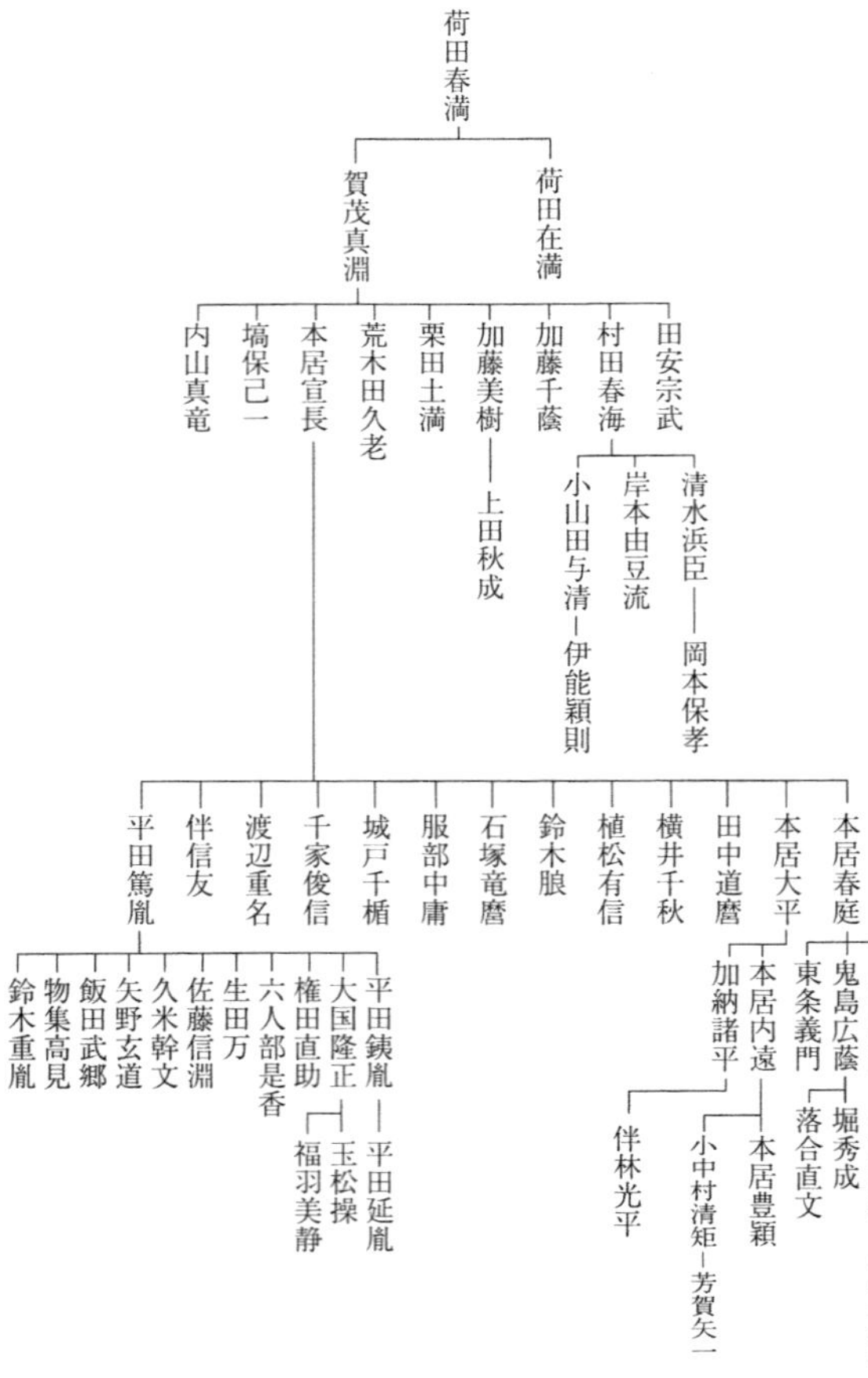
荷田春満
荷田在満
賀茂真淵
田安宗武
村田春海
加藤千蔭
加藤美樹
栗田土満
荒木田久老
本居宣長
塙保己一
内山真竜
清水浜臣
岡本保孝
岸本由豆流
小山田与清
伊能穎則
上田秋成
本居春庭
本居大平
田中道麿
横井千秋
植松有信
鈴木朖
石塚竜麿
服部中庸
城戸千楯
千家俊信
渡辺重名
伴信友
平田篤胤
足代弘訓
佐佐木弘綱
佐佐木信綱
鬼島広蔭
堀秀成
東条義門
落合直文
本居内遠
本居豊穎
小中村清矩
芳賀矢一
加納諸平
伴林光平
平田鉄胤
平田延胤
大国隆正
玉松操
権田直助
福羽美静
六人部是香
生田万
佐藤信淵
久米幹文
矢野玄道
飯田武郷
物集高見
鈴木重胤

いこの私の心の動き、すなわち私情としての悲しみ・喜び・怒り等々を指すものである。真淵は、人間の本性を、儒学者がいう「性の善」のような人々に共通な一般概念の水準には求めない。彼はむしろ、人それぞれに特殊で共約不可能な「私」性に、人間の生の本質的な領域を見ている。「同じきに似て異なる心」「人の心は、私ある物にて」(『国意考』)とするのが、真淵の基本的な人性理解であり、そのような私を全的に表出する営みである歌こそが、生の最も本質的な営みに他ならないとされる。したがって、みずからの思いに忠実な「誠の心」から生まれる「まことの歌」(同)が、少しの制約・抑圧も受けずに発動しえた万葉的世界は、人がその本来の自己を十全に実現しえた理想の世界とみなされるのである。この私がありのままに表現され、しかもそれが「真心」として肯定されることが、真淵が『万葉集』を通して夢見た生の理想だったのである。

しかしながら、もし、真淵がいうように人々が自由に内心の私の直接的な表出に走ったとしたら、世の中は各々の私のぶつかり合いとなり、結果的に個々の生の十全な実現は不可能となってしまうのではないだろうか。各人が、他から窺い知れない私的欲求を思うままに発動していけば、ついには、欲動の無秩序な争い・混沌に陥ってしまうほかはないであろう。歌は所詮は歌なのであって、太平の世の秩序を守るのはやはり道理・道徳以外ないのではないか。

## 漢意《からごころ》批判

こうした疑念に対して、真淵は、道徳の教えによって世の中が治まると考えるのは、全くの錯覚であると主張する。彼はまず、道というものの真偽を、世の中が実際に平和に治まっていたかどうかという事実を規準として裁定する。彼は、儒学者たちの理論がどれほど精密でもっともらしいものであるにせよ、実際の中国の歴史の事実は、儒学者の主張する太平の世のありようを根本的に裏切っていると指摘する。たとえば、儒学者たちは、古代の伝説的な皇帝である尭《ぎょう》や舜《しゅん》などの世(「唐虞《とうぐ》三代」)を、人々の生の実現がそのまま太平の秩序を形成していた理想世界であると説く。尭舜の世の民はみな聖人君子で、誰もが諸侯となって領地を治めるにふさわしい有徳者であったとされる(「尭舜の民は比屋《ひおく》して封《ほう》ずべし」『論衡』など)。しかし、実際には、舜の父は手のつけられない悪人だったし、舜の後継者禹《う》の父も、流罪にされている。また、孔子(前五五一～前四七九)が尊敬した周公(前十一世紀頃)は、「弟によこしませられて」国外へ逃れたといわれるが、これなどはまさに「乱の甚しきもの」であろう。このように、儒教を生んだ当の中国において、世の中は常に乱れて一度も治まったことはないと、真淵は主張するのである(『国意考』)。

確かに、中国には道を言葉で説き示した仁義礼智の教えが存在する。それは、いかにも理路整然としたもっともらしい教説である。人々は、表面上はその教えを正当なものとして受け入れ、信奉しているように見える。しかしながら、教えが理にかなっているということと、世の中が治まっているということは、単純に連動するわけではない。なぜなら、人間の心は一見「同じきに似て異なる」ものであり、道理によって説得されるのは心のほんの表面的な部分にすぎないからなのだ（「うはべ聞きしやうにて、心にはきかぬことしるべし」）と真淵はいうのである。

真淵にとって、教えの通用する水準は、心の「うはべ」にすぎない。本当の意味での人の心は、「うはべ」の裏に隠された内奥の私とでもいうべきところにある。「人の心は、さまざま」であり、その中には、儒学者のいうような善ばかりでなく、悪であるようなものも当然含まれている。その共約不可能な各人のどろどろとした私にこそ、生の根本的欲求が隠されている。そうした心のありようを、人間の知恵で考えた道理によって説得し、一律に統制しようとする試みは、単に無効であるだけでなく、むしろ害悪を増すものですらある（「いやしく狭き人の心もて急ぐは、かへりて乱れとなれり」）。

確かに、道理にもとづく説得によって私を抑制すれば、理論上は世の中の争いはなくなるはずであると考えられる。しかし、道徳によって内面の私自体が消滅するわけではないから、私の欲動は依然として道徳に覆い隠された暗部に存在しつづけるであろう。存在しつづける以上、私同士の争いはなくなりはしないし、それが道徳という建前の陰に隠されている分だけ、その争いはより巧妙かつ陰湿なものとなっていくであろう。だから、人間が「私」性を本質としている以上、道徳は悪や争いを助長する装置になりかねない。実際、道徳的統治を建前とする中国では、教えは結局のところ簒奪を正当化する道具に堕しているではないか。もし悪王紂《ちゅう》(前十一世紀頃)を討った武王を「義」であるとするなら、なぜ武王は紂王の子孫を次の王とせず、みずからの子孫に王朝を建てさせたのか。真淵はこのように述べて、道徳が教えとして声高に説かれることのいやらしさを抉《えぐ》り出す。

道徳的教えは人性に反しているがゆえに無益有害であるとするこの議論は、「漢意《からごころ》」批判とよばれて、国学思想の一つの特徴を示すものである。真淵ら国学者たちは、こうした漢意による統治に代えて、「我《わが》すべら御国《みくに》の、古への道」の優秀性を主張する。上下秩序の定まらぬ「乱」に対して、今日に至るまで天皇が上にある体制が変わらずにつづいている日本の大局的な安定にこそ、真の道のありようが見てとれるのだというのである。

## 「いづ」(武)と「にぎび」(和)

古代の日本には、仁義礼智の教えのような「理《ことわり》めきたること」は何もなかったが、それでも世の中は、「天地の心のまにまに」大らかに大過なく治まっていたと真淵はいう。中国の教えは、元来人間の知恵によって作り出されたものであるから、理路整然としていて誰もが納得しやすいようにできている。しかし、天地の働きの全体は、人間の思惑をはるかに超えた大きなものであるから、人間の狭い理屈でとらえきれるものではない。仁義礼智などといった仰々しい名目など、あっても無意味であり、そういったものがなかったがゆえに、日本は長い間うまく治まってきている。「世の中のことは、さる理めきたることのみにては立たぬ」のである。

では、真淵のいう古代の日本は、一体どのようにして治まっていたのだろうか。

真淵は、『万葉集』の歌にあらわれているように、古代の人々は「直き心」のままに、めいめいの内心の要求のありのままに生きていたという。そして、そのように心直きままに振舞っているときには、難しい教えはなくとも、おのずから世は安定し、道が実現するのだという。

こと少なく、心直き時は、むつかしき教は用なきことなり。教へねども、直ければことゆく也。それが中に、人の心はさまざまなれば、わろきことあるを、わろきわざも、直き心よりすれば、かくれず。かくれねば、大なることにいたらず。ただその一日の乱にて、やむのみ。

「心直き」とは、皆が善人であったということではない。人の心はさまざまであり、古代の直き世にも、悪人はいたであろう。しかし、心が直ければ、世の中の仕組みも人々の欲望も単純で済む（「心の直ければ、万《よろず》に物少なし」）。そうであれば、人はあれこれ複雑に物事を考える必要がない。だから、ときに世を奪おうと思う人が出ても、その企てはあまりに単純素朴で隠すところがないから、簡単にとり鎮めることができる。直き世には、少々の悪事は常にあるけれども、「一日の乱」で済むために世の中が大きく乱れることはない。多分に老荘思想的な考え方を下敷きにしつつ、真淵は古代日本のありさまをこのようにとらえている。

真淵は、こうした「天地のまにまに丸く平らか」な世の中を保っていくには、ごくごく単純な最小限の装置さえあれば十分で、複雑な教えは不要であると考える。真淵の見るところ、私たちの生の本質は内心の私にあり、それが十分に発動されるところに私たちの生の実現がある。したがって、個々の人がその生を全うできるようにするには、内心の欲動のストレートな発動（直き心）を、何らかの形でそのまま受けとめる体制を整えればよい。そして、現にわが国の古代においては、人の心も直く、思うことをそのまま表現していたが、世の中はそれを肯定しつつ、しかも大きな乱れもなく治まっていた。この各人の私を正面から受けとめるものが、天照大神から代々の天皇に伝えられた「神の道」の基本である。真淵は、さまざまな私を受けとめ承認しつつ、しかも世の安定をもたらすこの道を、神代神話の天照大神と素戔嗚尊《すさのおのみこと》の関係の中に見いだしている。「いづ」（武）と「にぎび」（和）というのがそれである。

こと有るときは、雄《お》たけびをなして、厳《おごそ》かなる御《み》いづ（威力）をもて治めまし、常にはこのにぎび（和らぎ）たる御心もて大かたの事をば、見直し聞き直して治めますぞ、いともかしこき神の道の本にして、国も家も治まる御教へなる。（『文意考』）

そもそも上つ御代〳〵、その大和国に宮敷まさし時は、顕《おもて》には建《たけ》き御威稜《みいづ》をもて、内には寛《ひろ》き和《にごみ》をなして、天の下をまつろへましたしからに（下略）。（『にひまなび』）

「こと有るとき」というのは、神代神話「瑞珠盟約」章で、素戔嗚尊が海や山を激しく震動させながら高天原にやって来る場面を指している。素戔嗚尊の逆心を疑った天照大神は、男装して武器を携え、「雄たけび」をなしてこれを迎える。一方、「見直し聞き直し」とは、このあと誓約《うけい》に勝利した素戔嗚尊が、高天原で乱暴の限りを尽くすのを、天照大神がとがめず、恨まず「平らかなる心」で許容したことを指す。大事にあたっては断固たる武力をもって制圧し、小事はいちいちとがめだてせず大らかに許容すること、これがわが国の太平を保ってきた「神の道の本」であると真淵は考えるのである。

## 素戔嗚的人間像

「いづ」は、武力を、したがって武によって統治する武人的天皇像を象徴するものである。一方「にぎび」は、和歌の精神に通じるものであると考えられる。歌は、たとえよこしまな願いを歌っても、「やはらいで」心乱れぬものである。ありのままをいつわりなく表出し、それをうるさくとがめずに、人の真心として受けとめる歌の道は、「世のために用なきに似たれど」も、これをよく知るときは世の治乱も「おのづから」知ることができる。「歌の心有る時は」、世の中は「和らぎ」人の心も穏やかになる。人間の本質たる内心の私情は、行為となって発動した場合の極限は暴力に、言葉としてあらわされた究極の姿は和歌に行き着く。こうした「私」の生を包容する「神の道」は、暴力に対しては暴力を、情に対しては情をという、きわめて単純素朴な対応を取ることによって大局的な安定を保ってきた。道理ではなく、武力と和らぎの精神によって何事も行なったがゆえに、内心の切実なる情が人為的に抑圧されることがなく、争いの起きることも少なかったというのである。

真淵の論において、「武」と「和」によって、汲み上げられ、鎮められるところの内心の私のモデルは、神話における素戔嗚尊の姿に見いだされている。素戔嗚尊は、荒々しく激情的な(「神性雄健《かんさがたけき》」)神として知られる一方、歌人たちにとっては、短歌の起源神として古くから注目を集めてきた。激情の赴くままに突っ走り、荒々しい力で大蛇を退治する(垂加神道では、金気の過ぎた神とされていた）一方、「八雲立つ出雲八重垣妻隠に八重垣つくるその八重垣を」の歌は、この地上における短歌の起源とされ、恋多き歌の神としても知られていた。暴力と和歌という素戔嗚尊の二面性は、そのまま、私ある存在者という国学的人間像の原型であるといってよい。直き古代の道のありようは、素戔嗚尊的な「荒び」の鎮魂装置としての性格を持っているのである。

素戔嗚尊の荒びに対する天照大神の対応の中にあらわれている「神の道」とは、平時には和歌の精神によって個々の私の情を極限まで許容し、私情が暴力として発動した有事においてはそれを武力で受けとめるというものであった。この仕方は、別の言い方をすれば、あるがままの私を、何ら作為的な抑圧（教え）を加えることなく、とことんまで受け入れるということである。たたきつぶすにせよ、許すにせよ、一人一人の切実な内心の私は、ともかくもまるごと承認されているのである。真淵のいう神の道は、いわば絶対的な許容者の道なのであった。

人間の本質は、切実な、それゆえ時に身をも滅しかねない内心の思いにある。そのいかにも危うく激しい私情を秘めた人間に、十全に思いをとげさせつつ、しかも安定した全体秩序を保つものが日本の神の道である。真淵の提起した神道の新たな課題は、本居宣長に継承され、やがて復古神道という大きな神道流派を生み出していくのである。

第九章

# 人はなぜ泣くのか

## 泣き叫ぶ子ども

人間だけが笑う動物であるといったのはアリストテレス（前三八四〜前三二二）だそうだが、わが国の神道には、人間が泣く動物であるという事実に発想を得てできあがった教説があるということは、あまり知られていないようである。本居宣長から平田篤胤《あつたね》（一七七六〜一八四三）へと受け継がれていく復古神道の思想がそれである。世界各地で砂漠化が進行し、人の心もどこか乾ききっているように見える現代にあっては、こういう湿り気のある思想を振り返ってみることも、あながち無意味ではないように思われる。

人がこの世に生まれ出て、最初にするのは泣くことである。人間という存在者は、この世界における存在の開始を、「おぎゃあ」という泣き声で刻印する。しかし、私たちの存在が泣き声とともに開始されるというこの事実に注目する哲学・思想は、今日意外に見当たらないものである。これはひとつには、今日の私たちのものの考え方が、近代的な理性万能主義に囚われてしまっていることによるものであろう。近代市民社会は、人間を理性を持った自由な主体であるとする西洋近代哲学の人間観を前提として成り立っている。人間が人間であることの根拠を理性に求めるこの理解は、あたかも当然のことのように、人間一般の基本モデルを分別ある大人に想定する。極端な言い方をすれば、市民社会では、契約を交わし、それを履行することができる分別ざかり、働きざかりの大人以外は正規の構成員とはみなされないのであって、そうでないとみられる者（たとえば子どもや高齢者）は、積極的な居場所を持たない周縁的存在として扱われる。ましてや、泣くことしか知らない赤ん坊などは、理性的な主体のまさに対極にあるどうしようもないものであり、成長し一人前にならなければそれこそお話にならないものとみなされる。理性主義のもとでは、対話し契約を結ぶことのできる大人の言語だけがまともな表現手段なのであって、それ以外のもの、泣いたり笑ったり、しぐさ表情で語ったりといった表現は、せいぜい言語のおまけぐらいにしかみなされないのである。

しかし、考えてみれば当たり前のことだと思うが、分別・常識を備えた働き盛りの大人だけが人間なのではない。少なくとも、これこれこの人といえば、生まれてから死ぬまでのどの時点をとっても、その人であるに違いはないであろう。少なくとももといったのは、生まれる前のこの私、死んだ後のこの私をさしあたり除外してという意味だが、しかし、生まれる前に私が何であったか、そして死後私が何であるのかという問題も、実は全然解決済みではないのである。それはともかくとしても、この私という存在にとって、子どものときと大人のときとで、自分というものの大切さに軽重があるわけではないのだから、子どもであること、泣くことを、一概に価値の低い未成熟なありようとして切り捨ててしまう仕方は、やはりさまざまな問題を含んでいるといわざるをえまい。

人は何よりもまず、この世界に生まれてくる。この事実は、人というものを考える場合、簡単には見すごすことのできない重さを持っているはずである。復古神道の思想は、そのことにこだわり、この世界の存在者を、「作られた」り、「できあがった」ものではなく、「生まれた」ものとして把握するところから出発する。そして、復古神道は、生まれてくる存在者である人間の本質や生の秘密を解く鍵が、生まれて間もない幼児の泣き声の中に隠されていると考えたのである。

ところで、この世に生まれ出たそのとき、私たちはなぜ泣いたのであろうか。残念ながら、私たちのおそらく誰もが、そのときの心持ちを思い出すことはできないであろう。もちろんそれは、はじめて空気に触れたときの、無器用な呼吸音にすぎないものではある。だが、少なくともそれが私たちのこの世界に対する最初の挨拶であったとすれば、その根底には、この世界そのものに対する私たちの先入見なしの無垢な了解がひそんでいたに違いない。私たちが全くの白紙の状態でこの世界に初めて向き合ったときの感じ方、それが赤ん坊の泣き声にあらわれているのではないか。胎内の混沌たる一が、私とこの世界という二に分節する、その始源的な光景の機微が、赤ん坊の泣き声に含まれていたのではないだろうか。

埴谷雄高《はにやゆたか》（一九一〇〜九七）の小説『死霊』の中に、次のような一節がある。

顔を顰《しか》め、むずかっている赤ん坊が、若《も》しその理由を云いきり得たら、それは世界で最初の言葉だ。

近代日本文学史上きわめて特異な存在論的観念小説として知られるこの作品の、一つの基調をなす気分が説明されているところである。ここでは、この小説で繰り返されるモチーフである「自同律の不快」の根源が、今にも泣き出そうとしている赤ん坊の不快な気分の内に見いだされている。私が他でもないこの私であるという根源的な感覚が、むずかる赤ん坊のありように見てとられているのである。私が私である（自同律）という感覚は、裏返していえば、私が私でないところのものを受けとめている感覚でもあろう。そのことを不快として感じ、むずかり泣き出そうとしている赤ん坊の経験しているのは、いわばすべてが私と同一であったときのまどろみから、一切が私ではない世界に放り出されてしまった、景色の断絶・反転の経験であろう。私であるから、私でないへ、自明なものから異様なものへの反転こそが、生まれ出るという私たちの最初にしてかつ最も根源的な経験の形なのである。赤ん坊の泣き声は、世界がはじめてそれとして立ちあらわれる開闢の光景への、私たちの最初の反応だったといえるのではないか。

赤ん坊の泣き声は、世界の成り立ちそのものの消息を暗示している。私たちが馴れ親しみ、自明なものとしている世界は、生まれたばかりの赤ん坊のときにさかのぼってみれば、異質で異様な何物かだったに違いない。それゆえ、赤ん坊が感受しているこの世界は、神があらわれ、見通し難い他者の相貌を呈している反転した景色にどこか通ずるものがある。というより、むしろ、神のあらわれという経験が、私たちを赤ん坊の感得した開闢の光景へと引き戻すのではないのだろうか。神代神話の「開闢之初《かいびゃくのはじめ》」とは、まさに「神聖《かみ》其の中に生《あ》れます」という神の出現そのものの光景でもあった。北畠親房が「天地の始は今日を始とする」（八一ページ）と述べていたように、神のあらわれるたびに、世界は混沌と新たな始源とを反復する。開闢の立会人たる赤ん坊の泣き声は、まさに景色の裏側としての神を指し示す叫びなのではないだろうか。

　柳田国男は、『涕泣史談』（『不幸なる芸術』所収）の中で、「泣くこと」が、かつては「人間交通の必要な一つの働き」であり、「特殊な泣くといふ表現法」に「由緒の久しい」用途や約束事があったと述べている。柳田のあげた例に、葬送や魂よばい、泣き女の風習など宗教的な場面での用途が含まれていることからも推測されるように、民俗世界の中では、泣くこと（特に子どもが泣くこと）は、古くから言語を絶した超越的な何物かとのかかわりと縁の深いものであった。佐藤正英は、「青山は枯山なす泣き枯らし」（『古事記』）た須佐之男《すさのお》命（『古事記』はこのように表記する）をめぐる論考の中で、生まれてから十余歳になるまで「哭きいさび」つづけていた子どもが、実は悪鬼の化身であったという『日本霊異記』の一説話

（中巻第三十一）を引きつつ、次のように指摘している。
この説話では祟《たた》りの様態がかなり変容している。しかし、成年になってもなお泣きいさちることへの、ひとびとの怖れがどのようなものであり、またどれほど深かったかがあざやかに語られていよう。それは、泣きいさちることのうちに顕現しているところの、なにものともしれぬ祟り神への怖れである。（「スサノヲはなぜ泣くのか」『理想』612号）
だが、子どもの泣き声に異様を感知したのは、昔の人々ばかりではない。深夜、何もいない闇に向かって突然犬が吠え、すやすやと眠っていた赤ん坊が不意に全身を慄わせて泣き始める怪奇映画的な光景のお約束は、今日の私たちがなお、泣き声の彼方に指し示される何物かへの感受性を失っていないことを示していよう。赤ん坊の泣き声は、今なお、世界の永遠の謎を指し示しているのである。

## 本居宣長の物のあわれ論

私たちは、この世に生まれ出たときに泣いた理由をたぶん覚えていない。しかし、大人になったからといって、私たちは泣くこと自体までをも忘れてしまったわけではない。もし、赤ん坊が泣くことと、大人が泣くこととが、泣くという点において同じであるならば、現在の私たちが泣く理由や意味を反省してみることによって、赤ん坊が出会っていた世界の始源をシミュレーションしてみることも可能となるのではなかろうか。日本文学史上に名高い本居宣長の「物のあわれ」の論は、このような射程を持って登場した思想論である。そしてまた、私たちの生が存立しているぎりぎりの極限を、伊邪那岐《いざなぎ》神（以下、復古神道は『古事記』中心主義をとるので、神名表記は『古事記』に従う）の「小児のごとくに、泣き悲しみこがれ」（『玉くしげ』）る姿に見いだす宣長のあわれ論は、国学の和歌研究の流れを、復古神道の教説へと展開させる橋わたしの役割を果たしている。宣長の思想は、賀茂真淵ら先行する国学者たちの歌への関心を継承しつつ、国学者が発見した内心の私情と神の道との関係の問題に一つの決着をつけるものである。その柱となったのが、和歌と『源氏物語』の研究を通じて立てられた物のあわれ論と、『古事記』の中に見いだされた「神代の始《はじめ》の趣《おもむき》」（『古事記伝』七之巻）なのであった。

物のあわれというのは、簡単にいえば、事物に出会ったときに「心が動く」ことである。人が事物に触れるとき、心はそれに反応して嬉し悲しとさまざまに揺れ動いている。このアナログメーターの針の動きのような心の動揺における事物の感知が、物のあわれを知ることであるとされる。そして、この心の動揺が著しく大きいときには、その動きは声となって表にあらわれる。この歎息の言葉もまたあわれとよばれる。あわれとは元来、「ああ」

という歎息の声である。この声は、心の動きそれ自体の表現であり、動きの大きさ、すなわちあわれの深さを表示するものである。あわれが深ければ、それはおのずと声となってあらわれる。この歎息が歌の根源なのだと、宣長はいうのである。

宣長のこの議論は、賀茂真淵らが情と和歌との関係において問題にしてきた心のありようを、「動くもの」として定式化するものであった。宣長によれば、心の本質、心の真のありよう（真心）は、動くということである。

事しあればうれしかなしと時々に動く心ぞ人の真心
動くこそ人の真心動かずといひて誇らふ人は岩木か（『玉鉾《たまぼこ》百首』）

この歌に示されているところが、心についての宣長の基本的な理解である。こうした理解は、近世の儒教的人間観にもとづく心のとらえ方を、百八十度転換するものであった。朱子学や垂加神道のところで触れたように、儒学的な心のとらえ方では、心の真のありようは、理を映す曇りなき鏡に比せられるものであった。そこでは、不動心こそが心の本来のあり方であるとされ、情や欲に動かされない心を確立するために敬をはじめとする修養が求められていた。だが、宣長の考えでは、むしろ「はかなく女々しき女童《わらわ》べ」（『石上私淑言《いそのかみのささめごと》』）のような揺れ動く情こそが人間の真実であり、静寂不動の厳粛なる心は、二次的な作為、すなわち「いつわりかざり」であるとされる。

朱子学的な考えでは、心の本質は無時間的普遍（静）としての「性」（理）であり、心の動的な側面である情は、人間の非本質的な部分である「形」「人欲」に対応するものとされる。ここでは、真理の認識は静なる心の感応構造としてとらえられる。しかし、この考えを正反対に逆転した宣長にあっては、心の本質はむしろ情の動きの方にある。したがって、事物の認識においても、物のあわれを知るという、心の動きにおいて事物をとらえる感動の知こそがより根源的であり、条理の認識はむしろ二次的なものであるとされる。このことは、形・人欲を人間の本来的ありようとしてとらえる宣長においては、ある意味で必然的に導き出されてくる考えである。形とは初めと終わりがあるものの謂《い》いであるから、それはまた人間が時間的な存在者であるということでもある。形ある存在者たる人間は、時間の中においてしか、事物と出会うことはできない。人がある物と出会い、それを知るというのは、その物の理と合一することなのではなく、それを見たり聞いたりさわったりしている経験としてある時の流れそのものなのである。そして、この時間性としての事物との出会いの形が、それ自身時間性（運動）を意味する、心の動きとしての「あわれ」なのである。

こうした考え方を、宣長は、和歌の研究を通じて手に入れた。宣長の歌論研究の内容については、ここでは立ち入らないが、ただ一点、彼が動的なあわれに歌の本質を発見するに至った出発点には、和歌を基本的に音楽（歌われるもの）、すなわち時間的な芸術として把握する見方があったことだけを指摘しておこう。

宣長によれば、歌は「アワレ」という歎息の声が、反復可能な言語表現として分節・形象化したものである。その根底にさかのぼれば、「アワレ」という声は、事物に触れて起こる心の動き(物のあわれ)が表にあらわれたものであるから、つまるところ歌は、あわれという心の動き・振幅自体が形となったものである。すなわち、「あわれ」の「声」としての歌は、時間の継起の中で人が事物・事象に出会うことそれ自体の形である。したがって、歌というものは、根本的には、生の基層における事物の実相(真理)との触れ合いそのものの表現であるということになる。

歌が真理に通じるものであるとする考えは、歌論の世界に古くからあったが、宣長はこれを、歌はその内容において真理を意識的・自覚的に記述するのではなく、真理との接触を感情の振幅として表わすものであるととらえ直した。つまり、歌はその意味内容において真理を表現するのではなく、真理との触れ合いを、すなわち揺れ動く情を、音楽性・修辞性という言葉の動きによって表現するのである。このように、最も根源的な物のあわれを知る認識の言語表現である歌が、真理を道理・条理として記述するものではないとすると、宣長の立場は、真理は言語ではとらえられないとする「不立文字《ふりゅうもんじ》」的発想に限りなく近いようにも見える。確かに宣長は、儒教や仏教の真理をめぐる教説を、「人智のおしはかりの妄説」(『玉くしげ』)として否定する。そして、仏教や儒教の渡来する以前の日本には、道は存在していたけれども、それを言葉で示す教えはなかったと主張する(「実《まこと》は道あるが故に道てふ言《こと》なく、道てふことなけれど、道ありしなりけり」『直毘霊』)。これはいかにも、言語による真理の把握の不可能性を説いているように見える。しかしながら、宣長は、決して真理の言説的表現一般を否定しているわけではない。

宣長の考えでは、限りある人間は、限りあるという制約の中でしか事物の真相に触れえない。事物の理の全体をとらえきることができない以上、真理を理の全体として体系的に示す言説(教え)は、必ずどこかで「私の料簡を以て、みだりに己が好むかたに説曲《ときまげ》」(『玉くしげ』)たものにならざるを得ない。しかし、それは真理が一般に言語表現に馴じまないということではない。制約された形でのみ触れうる真理には、それを表現するために、体系的・哲学的言説(教え)とは異なった形の固有の表現形態がある。それが、もう一つの物のあわれ論である『源氏物語』論で問題にされる、「物語」という表現形態なのである。

**物語としての思想**

宣長の『源氏物語』論は、次のようなことを説いている。

『源氏物語』の主題は、「物のあわれ」である。作者紫式部(九七八?〜?)は、物のあわれを知らせるためにこの物語を書いたのであり、歌を詠む人は必ずこの物語を読まなくてはならない。『源氏物語』は、物のあわれの諸相を、人が物のあわれを知る現場の描写として記すものである。それは歌の生まれる現場の記述であるという意味では一種の歌論であり、あわれを客体的に表現するという意味では、本質的に真理の記述である。さらにいえば、一般に物語というジャンルは、物のあわれとして感知される真理の記述を固有の主題とするものである。このような考えを示しつつ、宣長は、もしも孔子が『源氏物語』を読んでいたならば、必ずやこれを儒教の経典としたであろうとまで述べている。

　この、宣長の物語論をもう少し敷衍してみれば、次のようにいうことができよう。人は、時々刻々移ろいゆく事物の姿を通してのみ真理に出会いうる。時間の経過としてしか出会うことのできない真理を、自覚的に把握しようとする営みが物語である。時間の中を自由に行き来することのできない私たちが、時間の移ろいとして出会われる事物をつかまえるためには、その時間を意識的に辿り直す以外に方法はない。身体を持つ私たちは時間に逆らうことはできないが、私たちの意識だけは、時間をさかのぼることができる。小林秀雄（一九〇二～八三）が「上手に思い出すこと」（『無常といふ事』）とよんだこの意識的な辿り直しの形が、物語（としての歴史）である。物語は真理の時間的な表現、あるいは時間において出会われた真理の形なのである。

宣長の見るところ、真理は、その出会い方の性質上、仁義礼智といった条理・概念の体系としては把握できず、ただ、物語の全体の形でのみとらえうるのだということになる。別の言い方をすれば、私たちは物語の読み（解釈）を通して、物語全体としてあらわれているる真理を知ることができるのだということである。あえて単純化していえば、真理は物語のストーリー（モチーフ・構造）として私たちの前にあるということになる。そして、後に見るように、宣長は、物語の構造としてあらわれているところのものを、「道理」の名でよんでいるのである。

## 一生のまこと

宣長によれば、あらゆる歌は「あわれ」の形象であり、すべての物語は「物のあわれ」を根本主題としている。ここから、歌・物語に親しむことが、道を知る階梯である（『宇比山踏《うひやまふみ》』）とする主張が生まれてくる。しかしながら、このことは、あらゆる歌・物語が、どれも均等に真理にかかわっていることを意味しているわけではない。

宣長は、人によって知の深浅の差があるように、あわれにも深い浅いの区別があるという。そして、深いあわれほど事物を深く知り、よりよい歌となってあらわれるという。さらに宣長は、「あわれ」という単語の意味の変遷の検討を通じて、最も深いあわれは、「悲しみ」の相においてあらわれるものであると結論する。古語の用例においては、「あわれ」という語は、うれしさであれ悲しさであれ、心の動き一般を指す言葉として用いられていた。しかし後世になると、「あわれ」といえば悲哀の感情をあらわすという理解が一般的になってくる。これは、本来感情一般をあらわす「あわれ」という語の用法が、次第に「悲哀」の意味に限定されてきたことを示している。その理由を宣長は、悲しみの情こそが、あわれを代表するにふさわしい深い心の動きを示すものだからだと考える。つまり、最も深く根源的な心の揺れ動きは、悲哀の情なのだということである。

最も深いあわれが悲しみであるということは、いいかえれば、事物に囲まれてある人間の生存の最も根源的なありようが露呈するのは、悲しみの場面であるということである。すなわち、私たちと事物との最も根源的な出会いの形が「悲しみ」なのだということである。「悲しみ」とは、それゆえ、私たちにとっての端的な真理の感知なのである。

真の出会いは悲しみにおいてあるというこのことを、きわめて純度の高い具体的な形で描いてみせたものとして宣長が挙げるのは、『源氏物語』「幻」の巻における光源氏の悲しみである。光源氏という最高の主人公が、紫の上という最高の女性と出会う、その出会いの全体の時間が『源氏物語』の大枠のストーリーである。完璧な主体（光源氏）と完璧な他者（紫の上）との出会いという意味で、『源氏物語』は人が真に事物と出会うことを表現した物語であるといってよい。そして、物語の時間の中で移ろうその時々の出会いの総体は、紫の上を失った光源氏の思いを語る「幻」の巻において完結する。紫の上の喪失は、出会いの全体をあらためてそれとして浮かび上がらせ、物語を一つのまとまりとして縁どっている。紫の上との出会いの重さは、その死によって極限的に示される。宣長は、題のみで本文のない「雲隠」の巻について論ずる中で、「幻」の巻のあわれこそは、『源氏物語』の主題である物のあわれの極限値を示すものであると述べている（『源氏物語玉の小櫛《おぐし》』八の巻）。

もっとも、あわれの極限形態が喪失の悲しみであるという宣長の議論は、いわゆる無常観に結びつくものではない。最も深い認識が悲しみであるということは、人間の有限性にかかわるものではあるが、しかしそれは、決して一切が空しいということをいわんがための議論ではない。宣長は単に、時間的な認識は喪失の知覚によって縁どられるという、一つの常識を述べているにすぎない。そして、そのようにして縁どられる物の全体が、物語というものなのだというのである。

時間に制約された私たちの生存の根本構造にのっとりつつ、そこにおける私たちの生の真実（主客の出会い、一致）をあわれとして記述すること、それが物語である。そして、紫式部の驚くべき手腕は、そういう物語の本質をも見きわめつつ、最も深いあわれの発現を、仮構された最高の主体と他者との恋の関係として作為的に描き出したところにある。宣長はこれを、作者紫式部の「妙手」とよんで絶賛する。紫式部が、物のあわれを意識的に記述するという物語の本質に自覚的であったことを示すのは、「蛍」の巻でさりげなく展開される紫式部自身の物語観である。また、この物語が「よきことの限りを選《え》り出《い》で」て、「品《しな》位《くらい》高き人の上」を描いているのも、読む人により深くあわれを感じさせせんがための意図的な作為である（『紫文要領』）。そして、紫式部がこうした「妙手」を尽くして最終的に到達したあわれの極限が、「幻」の巻における「長きわかれのかなしみのすぢの物のあはれ」だったのである。

この物語は、すべて物のあわれを中心として書かれているのに、主人公である光源氏が亡くなった悲しさのあわれが描かれていない（「雲隠」の巻に本文がない）のはなぜかというと、長き別れの悲しみのあわれは、幻の巻に書きつくされているからである。これは、紫の上が亡くなり、光源氏がそれを悲しんでいる様子で、物のあわれの限りをつくしているのである。同じ悲しいことでも、人の心の深浅に応じて、あわれの深さ浅さも格段の相違があるが、すべてに秀れて物のあわれを深く知る人物である光源氏の悲しみ以上に深いあわれはない。もし光源氏の死の悲しみを描こうとしても、誰が悲しんだことにすればそれを描ききれるのか。光源氏以外の人の心の悲哀では、深いあわれは、とうてい描きえないであろう。これがおそらく、光源氏の死が書かれなかった理由の一つである。(『源氏物語玉の小櫛』八の巻)

「幻」という巻の名は、亡き紫の上を思いつつ光源氏が詠んだ和歌の文句に由来する。

大空をかよふまぼろし夢にだに見えこぬ魂《たま》の行方たづねよ(「幻」巻)

大空を自由に飛び行く幻術士(幻)に、夢にさえもあらわれない紫の上の魂の行方を探してくれと願うこの歌は、いうまでもなく、『源氏物語』冒頭の「桐壺」巻における帝の歌と照応している。最愛の桐壺更衣を失った帝は、次のように詠っていた。

たづね行くまぼろしもがな伝《つて》にても魂のありかをそこと知るべく(魂の行方を探しに行ける幻術士がいてくれればよいのに。たとえ人づてでも亡き人の魂のありかを知ることができるように)

(「桐壺」巻)

光源氏一生の物語は、まさに喪失の悲しみに始まり、喪失の悲しみで閉じられる。失われたものへの思慕のあわれこそが、『源氏物語』の基本的枠組となっている。光源氏の一生において出会ったあわれの総体は、この「長きわかれのかなしみ」の内に凝縮しているのである。

宣長は、この世の中に死ぬこと以上に悲しいものはないという(『答問録』)。あわれの極限の悲しみの、さらにその極限にあるのが死の悲しみだというのである。いいかえればこれは、死に臨んで、あるいは愛する者に死なれて嘆き悲しむ人の姿こそが、私たちの生のあるがままの真実をあらわしているのだということである。『玉勝間』の中で、宣長は、在原業平（八二五～八八〇）の「いまはの言の葉」をとりあげ、「此朝臣《このあそん》は、一生のまこと、此歌にあらはれ、後の人（悟りきったような辞世などを詠む人）は、一生の偽りをあらはして死ぬる也」という契沖の言葉を紹介している（五の巻）。死を悲しむことにこそ「一生のまこと」があらわれるとする契沖の言葉を、宣長は「法師（契沖は僧侶であった）の言葉にも似ず、いといとたふとし」と賞賛する。亡き桐壺更衣を思って悲嘆に暮れる帝や、紫の上を思って泣く光源氏は、宣長にとって、まさに「一生のまこと」をあらわす人の姿であったろう。あわれを知るよき人としての桐壺帝や光源氏は、その意味で、人が人としてあることの真実をそれとして体現する、いわば本源的な人間のモデルだともいえるのである。宣長の物のあわれ論は、至る所涙で覆われた『源氏物語』の中に、最も深く泣き悲しむ人間としての光源氏を発見した。物のあわれを知る情的存在者という宣長の人間規定の究極は、泣き悲しむ存在者としての人間ということなのであった。

## 真実在と黄泉国

さて、再び、人はなぜ泣くのかというはじめの問いに立ち戻ってみよう。

宣長によれば、物のあわれとは、私たちが有限なる者としてあること自体の感知であった。そして、極限的なあわれである泣き悲しむことは、私たちの存在の限界を、いわば私たちの地平を指し示すものであった。泣くことは、私たちの限界の表現なのであり、さまざまな喪失としてあらわれる私たちの地平の最たるものが死なのである。

空《うつ》そみはすべなきものか飽《あ》かなくにこの世別れてまかる思へば（『玉鉾百首』）

完全に飽き満たされることのない限りあるこの身の「すべなさ」こそが、私たちがあわれを知る存在者であるということの「道理」なのである。

宣長は、世の中を都合のよい道理で説明しつくそうとする「異国の道々」を批判し、死を「深く哀《かなし》むまじき道理」を説く教えは、「まことの道理にかなはぬこと」であるという。「世の中に死ぬるほどかなしき事はなきもの」なのであり、「まことの道理」は、うれしいこと、正しいこと、善いことばかりではなく、「邪《よこさま》なる事悪《あし》き事」「哀むべき事」が確かにあるということを見すえることによってのみ、それと知ることができるというのである（『玉くしげ』）。

宣長は、この「まことの道理」は、記紀神話（とくに『古事記』）の中の、伊邪那岐・伊邪《いざ》那美《なみ》二神の出会いと別離の物語の内にすべて備わっているという。

凡《すべ》て世間《よのなか》のありさま、代々時々《よよときどき》に、吉善事凶悪事《よごとまがこと》つぎつぎに移りもてゆく理《ことわり》は、大きなるも小きも(天下に関《あづ》かる大事より、民草《たみくさ》の身々のうへの小事に至るまで)悉《ことごと》に此《この》神代の始めの趣《おもむき》に依《よ》るものなり。其理《そのことわり》の趣は、女男《めを》大神の美斗能麻具波比《みとのまぐはひ》より始まりて、嶋国 諸《もろもろ》の神たちを生坐《うみま》し、今如比《かく》三柱の貴御子《うづのみこ》神に、分任《わけよさ》し賜《たま》へるまでに皆備はれり(此間《このま》のつぎつぎの事どもの趣を以て、世の人事《ひとのうへ》の万《よろづ》のことわりを知《しる》べきなり)。(『古事記伝』七之巻)

宣長によれば、私たちの生存が死を究極とするさまざまな悲しむべき「凶悪事《まがこと》」によって限界づけられているという真実は、無常や因果の理といったものではなく、天地万物の生成の根源において「幽契《ふかきゆゑ》」あって定められた構造である。この構造は、伊邪那岐・伊邪那美二神が出会い、男女の契りを結び(美斗能麻具波比)、その結果として国土万物や神々を生み、最後に天照大御神・月読《つくよみ》命・速須佐之男命の三柱の神に世界の分掌統治が命ぜられるまでの、一連の物語の中に読み取ることができる。

二柱の神が結ばれ、国土万物が生み成されるまでのストーリーは、すべて「吉善事《よごと》」であると宣長はいう。宣長にとって生成や生存は「吉善事」なのであり、すべてが生一色であった二神一体の物語は、あるべき完全なる実在を象徴するものなのであった。しかし、『古事記』(および『日本書紀』第五段一書第六)の二神物語は、伊邪那美神が火の神を生んで「遂に神避りたま」うことによって完結する。国土万物は、母を喪失することによって、いわば未完成のものとしてそのあり方を確定するのである。伊邪那美神は、未完の国土万物を

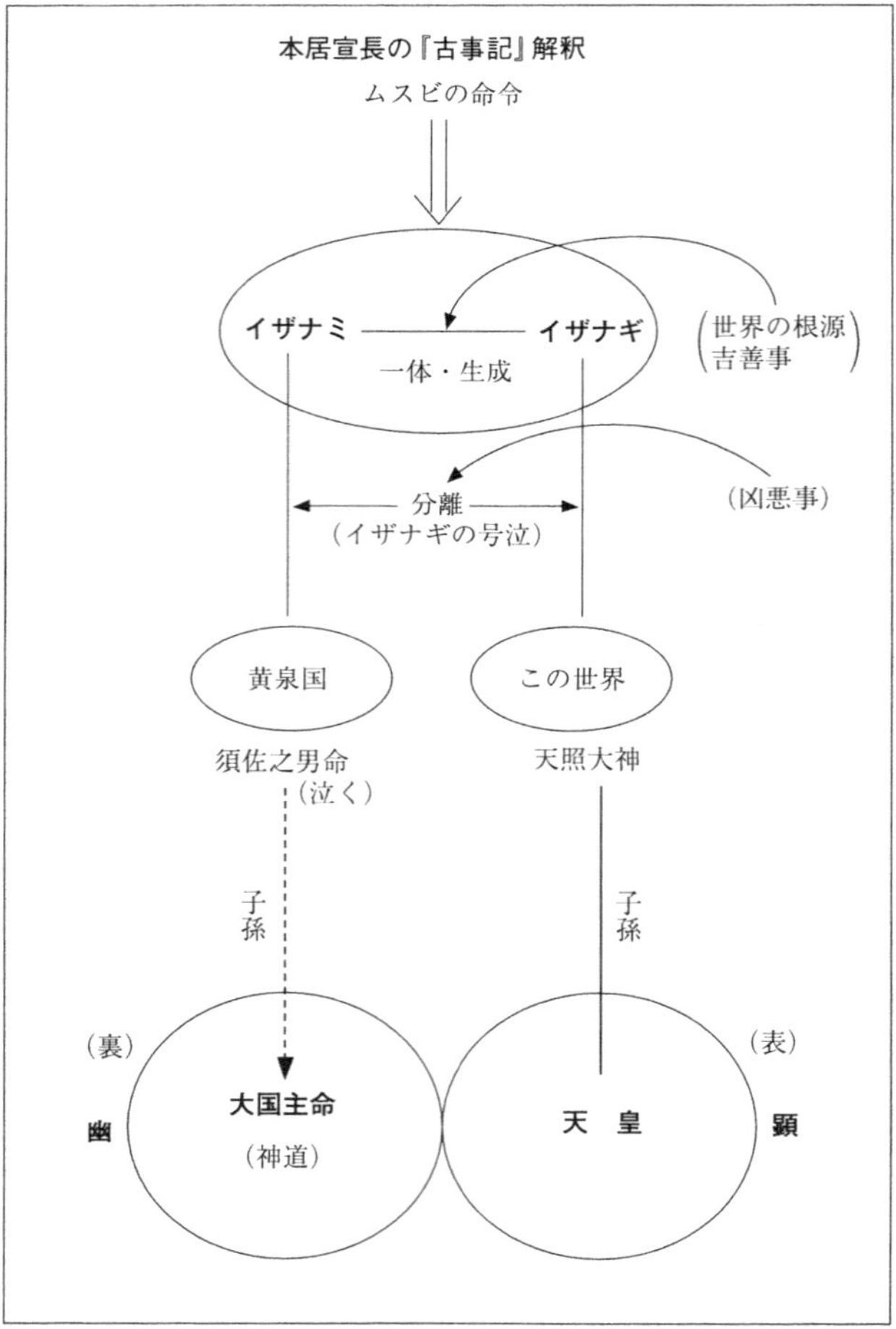


宣長の『古事記』解釈は、平田篤胤の神道説に大きな影響を与えた。

残して「黄泉国《よみのくに》」に去る。黄泉国は、凶悪事《まがこと》（死）のために女神が移り去った場所であるがゆえに、世の中の凶悪事の帰着する場であり、またすべての凶悪事のよって来たる所でもある。

愛する女神を恋い慕い、「小児のごとくに、泣き悲しみこがれ」て黄泉国に追い至った伊邪那岐神は、しかしかつての一体を回復することなく再びこの国土に戻らざるをえなかった。二神一体の回復を妨げたものは、黄泉国のケガレである。女神は、黄泉国のケガレた火で調理した食物を食べてしまったため、こちらの世界に戻ることができない。蛆がたかった醜悪な女神の姿を目のあたりにした男神は、「見畏《かしこ》みて」逃げ帰る。このケガレを忌み憎んで、凶悪事を吉善事に直そうとして伊邪那岐神が行なったのが、「御禊《みみそぎ》」の起源である。禊ぎによって払われたケガレから、世の中のあらゆる凶悪を引き起こす禍津日《まがつひ》神が生まれる。その凶悪を「祓ひ清め直して」、ついに天照大御神をはじめとする三柱の貴い神が誕生する。こうした「次第《つぎつぎ》の趣」を「熟《よ》く味ひて」、世の中のありさまは、「吉善より凶悪を生《な》し、凶悪より吉善を生しつつ、互にうつりもてゆく理」を理解し、大局的にはいつも吉善が凶悪に勝ち、また人は凶悪を忌み去って吉善を行うべきであるという道理を知るべきである、と宣長はいうのである。

## 形見としての世界

神道教学的な細かい議論はさておいて、宣長の伊邪那岐・伊邪那美二神物語解釈における、世界や人間存在の基本的なとらえ方を再構成してみよう。

宣長の読みでは、根源的な実在は、無限の生成としてとらえられている。そして、この真なる実在は、伊邪那岐・伊邪那美二神の和合一体性に象徴されている。二神の出会いは光源氏・紫の上の出会いの根源ともいうべき絶対的な出会いであり、二神の合一はそれ自体が真実在である。あらゆる存在者は、この二神の生んだものである。二神はまさに根源的な夫婦男女であり、天地の父母である。

しかしながら、この根源的な出会い・一体性は、別離・分離との表裏の関係においてのみそれとして輪郭づけられる。一体の形は、分離との相対関係においてあらわれるのである。いいかえれば、十全なる一体性は、出会って別れるという時間の中で、二度とない奇跡的・一回的な事件として形を持つ。二神の物語は、伊邪那美神の「喪失」として「完結」するのである。

女神の喪失によって、この国土は未完成のものとして完成する。男神の「吾と汝と作れる国、いまだ作り竟《お》へずあれば」(『古事記』)という叫びは、この国土の存在者の本質的あり方を端的に示している。そしてまた、『古事記』を神話の第一に掲げる復古神道が、従前の神道説と大きく発想を異にする理由もこの点による。というのも、『日本書紀』本文は、そもそも黄泉国の説話を欠いているのみならず、この二神の国土生成事業を「神功既《かんことすで》に畢《お》へ」「功《こと》既に至《いた》りぬ」（第六段本文）としている。つまり「完成」ととらえているのである。

要するに、宣長の『古事記』解釈が指し示しているのは、この国土のあらゆる存在者が、根源的に不完全性・有限性を負っているということである。この世界は、一方に黄泉国があることにおいて、この世界たりえているのであり、死や黄泉国なしにこの世界の存在者の存立はなかったのだということである。

黄泉国があるということは、この世界に伊邪那美神がいないということである。それは、この世界が十全なる真実在から疎外されているということである。しかしながら、黄泉国や死は、私たちを真実在から遠ざける原因でありつつ、一方で黄泉国の存在こそが私たちと真実在を結びつける唯一の媒介なのでもある。なぜなら、真実在とは、黄泉国へ去ってしまった伊邪那美神との、かつてあった一体性それ自体だからである。

私たちのこの世界は、いわば二神の一体性の形見としてある。女神の去っていった黄泉国・死の国は、懐かしい二神一体の、根源的な一なる実在の記憶を呼び起こさせるのであり、人々の最も深い悲しみの情の指さすところのものなのである。それゆえ、この世界に存在する者が、本来の自己のありようを実現しようとするならば、それは必然的に二神一体の真実在の記憶をよみがえらせる営みとなる。この世界が絶えずこの世界として形を成しつづけていくためには、常に二神の思い出を反復するほかはない。思い出の反復こそが、この国土の統治・保持の本質なのであり、その具体的な仕方が吉善の復活をこい願うわざとしての禊ぎ・祓えなのである。伊邪那岐・伊邪那美二神が「始めたまひて」、天照大御神が「受《うけ》たまひたもちたまひ」、代々の天皇に「伝へ賜ふ道」(『直毘霊』)とは、要するに実在の物語を反復する、それ自体が一つの物語である。二神の形見の把持をこととする皇統は、近代的な意味での国家でもないし、また近世的な道徳の体現者とも異なっている。宣長にとっての皇統とは、実在の原情景を反復保持する物語そのものなのであり、それ自体が生ける存在論なのである。伊邪那岐神の合一と喪失の記憶を受けつぐ天皇の位とは、この国土における存在者の本性そのものを体現するものであり、そこから、天皇の大御心を心として生きることが、人々にとって神の道にのっとることなのだという考えが成り立ってくるのである。

## 亡き母を求めて

私たちの揺れ動くあわれが指し示しているところを求めて宣長が到達したのは、この世界の形を喪失・否定として縁どる黄泉国の記憶であった。黄泉国こそは、歌において感知されていた、景色の裏側の何物かなのであり、この世界に対する神の領域なのである。
宣長は、大国主命の国譲りの段をめぐる注釈の中で、次のように述べている。

以後皇孫が統治することになった「顕露事《あらわにごと》」とは、朝廷の行う政事をいい、この世の形ある人が「顕《あらわ》に」行うことをさす。「幽事《かみごと》」とは、それと対するもので、あらわに目には見えず、誰がするともなく神の行うわざである。およそ世の中のあらゆることは、みな神の御心によってなされることではあるが、その中でかりに「現人《うつしびと》」のしわざと対比させて、神事というのである。さて今この大国主命が、その神事を司るのも、これはほかならぬ朝廷の政事を、「幽《ひそか》に」助け申し上げることであるから、それが「侍《さぶら》はむ」という語にこもっているのである。そもそもはじめに伊邪那岐神と伊邪那美神とが分かれて、それぞれ「顕国《うつしくに》」と黄泉国に至り、その御子天照大御神と須佐之男命とが、再びこの国と黄泉国に分かれ、今またそれぞれの御子孫である邇々藝命《ににぎのみこと》と大国主命が、最終的に顕と幽とを治めるように定まったまでのさまざまの経緯はすべて、顕と幽とが互いに交感し、幽から顕を助け、成就させているのである。(『古事記伝』十四之巻)

今日ただ今のこの世界の人々から見たとき、神の領域とは亡き母神たる伊邪那美神のいる黄泉国にほかならない。ともに母を知らない子である天照大御神と須佐之男命は、一方は父母の親しみの形見であるこの世界を保ち、一方は「妣《はは》の国根の堅洲国に罷らむ」と「哭きいさち」り、ついに母の国に至ったと伝えられる。天照大御神に従って、この国土にける「あるべきかぎりの行《わざ》」(『直毘霊』)を行うのも、また悲しみの極限で「小児のごとくに、泣き悲しむ」のも、どちらもそれは人の真心であると宣長はいう。「ほどほどにあるべきかぎりのわざをして、穏《おだい》しく楽しく世をわたらふ」(同)のも、そこからはみ出る限りないあわれに身をまかせるのも、どちらもかつてひとたび二神の一体としてあった実在への限りない思慕の形だからである。天皇の主宰する表(顕)と、大国主命の主宰する裏(幽)との反転・交流のはざまで、嬉し悲しと引き裂かれ揺れ動くありようこそは、母を根源的に喪失した未完の子としてあるこの世の存在者の真実の姿なのである。

人はなぜ泣くのかという、この章のはじめの問いに対する宣長の答えは、ほぼ明らかになったと思う。この世界に生まれてくる人間(現人《うつしびと》)は、根源的に母と引き裂かれた子どもであることを本質としているから、というのが宣長の答えである。

大国主命の主宰する亡き母の世界が、人間存在の地平をなすという宣長の発見は、平田篤胤が組織立てた復古神道教説の形成に、決定的な影響を与えた。とくに、天照大御神(伊勢)・天皇と、大国主命(出雲)との顕幽二分界構造は、復古神道教義の核心を形づくり、明治時代には神道界内部で、伊勢派と出雲派のきわどい対立を引き起こす原因ともなる(原武史『〈出雲〉という思想』などを参照)。また伊邪那美神への思慕が神代神話の一つの根源的モチーフであるとする見方は、折口信夫の他界論や、佐藤正英の原郷世界論の中で新たな角度からとらえ直されている。さらに想像をたくましくするならば、この世界の原像が母を知らぬ子(天照大御神・須佐之男命)によって担われているという神話的形象は、日本人の仏教受容、仏教理解にも、どこか奥深い所で響いているようにも思われる。いうまでもなく、お釈迦様も生後七日にして母を失っており、その後の釈尊の歩みは、どこか亡き母への形なき追慕の影がさしているかに見えるからである。

いずれにしても、宣長の探究によって、母の喪失をキーワードとした思想が一つの神道流派として立ち上がってくる。景色の裏側にある暗い何物かは、忌まわしきケガレであると同時に、懐かしき亡き母の幻影なのであった。

おとなの知らない希有の言葉で
自然は僕等をおびやかした
僕等は葦のやうにふるへながら
さびしい曠野に泣きさけんだ。
「お母ああさん! お母ああさん!」(萩原朔太郎「自然の背後に隠れて居る」)

# 第十章　魂の行方

## 死者はどこへ行くか

光源氏の一生の物語は、亡き桐壺更衣の「魂のありか」を慕う帝の悲哀に始まり、妻紫の上の「魂の行方」を幻視する光源氏のあわれによって閉じられる。「幻」の巻の最後近く、「かきくらし」「降りおつる御涙」のうちに、光源氏は次のような歌を詠んだ。

死出の山こえにし人を慕ふとてあとを見つつもなほ惑ふかな

『源氏物語』のあわれの極限は、去る者と残される者との、死と生との間での、落ちつきどころのない動揺・惑いとして、いわば宙吊りのまま定着される。この、すべなき心の揺れを光源氏がどのように受けとめ、心の安定を得たかについて、『源氏物語』本文は記述を欠いている。おそらくは、常々光源氏自身が洩らしていたように、そしてまた当時の一般的なあり方がそうであったように、出家隠遁の本意を遂げて、安心を得たのであろうと想像される。

本居宣長のいうように、私たちの生の本質がすべなき心の揺れにあるとするなら、私たちが生きていくときに、そのすべなさをどのように受け容れ、和めていくことができるかということは、私たちの生の主要な関心事となるであろう。心の本質が揺れ動くことであるとして、この心はどのようにして安心・安定を得ることができるのであろうか。とりわけ、あわれの究極にある、死後の魂の行方をめぐる安心は、どうしたら得られるのであるうか。

この問いは、宣長以降の復古神道の最も重要な課題となってくる。宣長神道説の正統の後継者を自認する平田篤胤は、積極的に死後の世界を探究することによってこの問いに答え、復古神道教説の核心を打ち立てたのである。

ところで、この問いに対する宣長自身の解答は、「神道に安心といふことなし」（『答問録』）というものであった。

確かに、「人死《しに》て後にいかになる物ぞ」という疑問は、誰でも気にかかるところである。死後が気になるのは「人情まことに然《しか》るべきこと」であるから、たとえば仏教はその辺の人情の機微をよくとらえて、もっともらしい理屈を説いている。しかし、死んだ後どうなるかといったことは、人間の知恵ではかりつくせるものではない。因果応報とか天命天道といった議論は、所詮無益な空論にすぎない。わが国の古代には、人々の心はそうした小ざかしい理屈に染まっていなかったから、ただ古伝説の通り、死ねば黄泉国へ行くとだけ了解して、ひたすら泣き悲しむよりほかはなかったのである。

宣長はこのように述べて、悲しむべきことを悲しむ以外に、とりたてて神道の安心なるものはないと主張した。「はかなく女々しき女童べ」のありように人間の真実を見る宣長の立場は、生死の安心をめぐる論にまで貫徹されているのである。しかし、宣長自身が、「然るべき道理を申さでは、千人万人承引する者なく候」と自覚していたように、安心なき安心論は、究極のところではぐらかされているような、どこか食い足りない印象を与えるものであることも確かであろう。宣長の神道説は、いわば宗教としての決定打を欠いているのである。こうした宣長の黄泉国理解を出発点としつつ、しかも宣長の安心論を根底から引っくりかえす形で、神道を死後霊魂の行方を説く一つの宗教へと展開したのが、平田篤胤の神道説であった。

## 平田篤胤の神道説

宣長の神道説を代表する著作が、「ほどほどにあるべきかぎり」を説く『直毘霊』であるとすれば、膨大な篤胤の著作の中でこれに相応する著書は『霊之真柱《たまのみはしら》』であろう。「この書は本居の学に於《お》ける直毘霊に匹敵すべきものにしてしかも著しく異なる点あり」(山田孝雄《よしお》『平田篤胤』)とされる篤胤の主著『霊之真柱』の主題は、まさに「霊の行方の安定《しづまり》」である。

神道を奉ずる者が、みずからの信条・心の持ち方を確固たるものとするためには、まず死後の霊魂がどこに落ち着くかを知らねばならない。そして、魂の行方を知るためには、この世界がどのように生成し、いかなる構造を持ち、どのような目的に貫かれているかを知ることが必要である。『霊之真柱』は、このような出だしで始まっている。

篤胤はこの探究を、宣長の門弟服部中庸《なかつね》（一七五七〜一八二四）が著わした『三大考』を批判的に吟味する作業を通じて行なっている。『三大考』の「三大」とは、儒教の天地人三大（才）ではなく、天《あめ》（日・高天原）、地《つち》（地球）、泉《よみ》（月・黄泉国）の三つをいう。この著は、天地初発から、この世界のありようが確定する天孫降臨の時点までの世界の生成過程にかかわる『古事記』の記述を取りあげ、『古事記伝』の解釈によりながら、天地泉の生成構造を十葉の図に示しつつ述べたものである。この図解にもとづいて展開される篤胤説の結論は、人の死後、亡骸は土に帰るが、霊魂は神となって大国主命の主宰する幽冥界に永久に留まるというものであった。篤胤が、このように宣長の安心論とは大きく異なる結論に達したのは、彼の神話の読みが師宣長のそれとは大きく異なっていたためである。

篤胤の、日本神話の基本的理解は、次のようなものであった。

伊邪那岐・伊邪那美二神が国土万物を生成したのは、二神に先立つ「天神《あまつかみ》」（いわゆる五柱の別天神《ことあまつかみ》。このうち天御中主神、高皇産霊神《たかみむすび》、神皇産霊神《かむみむすび》は造化三神として復古神道の究極神とされる）のうち、とくに二柱の産霊《むすび》神の命令を実行したものである。この国土を「修理固め成せ《おさめかたな》」という天神の命令は、世界の始源における根本意志であり、伊邪那岐・伊邪那美二神から、天照大御神・須佐之男命へ、さらに天皇・大国主命へと受けつがれていったのは国土を成せという命令にほかならない。産霊神の命令という形でこの国土万物を貫いている原理は、「この国土《くに》を幸《さちはひ》賜《たま》ふ御功徳《みいさを》」である。つまり、国土万物は祝福されてあるということを本質としているということなのである。岐・美二神の生成のわざは、産霊神の「幸《さちはひ》」のあらわれである「国土をいそしみ（大切に）思ほす大御心」から生まれているのである。世界の原理は、「幸《さちは》ひ生《な》す」ことである。そして、現にこの世界が、また人や万物が存在するという事実は、この最初の命令、根源的な祝福が今なお貫徹されていることを示している。もしその祝福がどこかで途絶えたならば、今のこの世界はなかったはずだと篤胤は考えるのである。

## 伊邪那美は生きていた

こうした確信に支えられて、篤胤は、この世界の不完全性をあらわすような神話の文言や神話解釈はすべて誤りに違いないと考える。中でも篤胤が神経を使ったのが、伊邪那美神の黄泉国への退去のくだりである。宣長が女神の死であると解した「神避り」「石隠《いはがく》り」を、篤胤はまず、死を意味するものではないと解釈する。篤胤の考えは、「この世界を始めた二柱の神のうち一柱でも本当に崩御していたならば、この世界はこのように成り立っていなかったはずであるから、これは伝承の誤りである」（『古史徴』）というものであった。この直観を証拠立てるべく、彼は多くの古文献を吟味し、ついに彼の思う通りの古伝承を、

「鎮火祭《ほしずめのまつり》」祝詞の内に発見する。この祝詞をふまえた篤胤の黄泉国説話の解釈は、次のようなものである。

伊邪那美神が火の神を生むにあたって「石隠り」したという古伝の記述は、崩御を意味するのではなく、その出産のありさまが凄まじいものになることを予期して、それを伊邪那岐神に見せまいとしたということである。出産のあと女神が黄泉国に去ったのも、その出産のさまを男神に見られたことを「恥恨《はぢうらみ》まして」、同じ国土で暮らすことを恥じたためである。「鎮火祭」祝詞には、女神が去る途中、黄泉平坂《よもつひらさか》でいったん思い返してこの国に戻り、土神と水神を生んだと記されている。そして、もし火神が荒ぶることがあったら、土と水でこれを鎮めよと教えさとしたのちに黄泉国に去ったとある。このことの意味するところは、女神は最後までこの国土を「幸ひ生す」わざを放棄していないということである。二柱の神が協力して生んだ神は、最初に生んだ風の神を含めて、風・火・水・土の四柱の神であり、およそ天地の間の万物はこの四元素から洩れるものはない。これは、二柱の神の「幸ひ生す」わざが完成していることを示している。「遂に神避り」とあるのは、いったん戻りかけたけれども、やはり「恥《はぢ》思ほす御心」が止まなかったため、この国に心を残しながら後ろ髪を引かれる思いで去っていったことをあらわしている。「遂に」のニュアンスを軽く見てはならない。そしてこの退去も、ストーリーの流れから明らかなように、死んで霊魂が黄泉国へ行ったというのではなく、「その現御身《うつしみ》ながら」去ったということなのである。

篤胤の考えが宣長と一番ちがうのは、岐・美二神の分離を根源的一体性の喪失・解体とはとらえないというところである。女神の退去は、絶対的な離別ではない。その「幸ひ生す」意志は、今日なお放棄されていない。俗な言い方をすれば、二神の分離は、離別というよりは、事情があって別々に暮らしているというのに近い。二神の「深く親《むつ》び給へるその御親《みしたし》み」は、変わらずに生きているのである。

愛情は変わらないのに別々にならざるをえなかったその事情とは、黄泉国のケガレである。宣長と同様、篤胤も伊邪那美神が帰って来られなくなった最終的な理由は、ケガレであるとする。ただ篤胤は、ケガレた黄泉の火で調理した食物を食べたことによって、この世への帰還が原理的に不可能になったとは考えていない。女神は、帰れないから戻らないのではなく、帰ることを遠慮して戻らないのである。女神がこの世に残してきた火神は、生成・破壊の両面にわたって大きな威力を持つ神である。この神の荒びを心配して、女神はわざわざ水神・土神を生みに戻ったのであった。しかも火神は、女神の退去の原因を作ったということで男神の怒りを買い、刀で斬られている。母に去られ、しかもそれが原因でみずからも斬り殺された火神は、黄泉国に対して深い怨恨を抱いている。もし黄泉国の火でケガレた身でこの国に帰れば、火神の怒りによって「この国に災事《まがこと》有らむこと」は、火を見るよりも明らかである。この国に対し深い愛情を注ぐ女神が、そのような危険を冒してこの国に戻ってくることはできない。篤胤はこのように述べている。

**火のケガレ**

宣長にしろ篤胤にしろ、その神話の読みの最も重要なポイントには、この火のケガレの問題がある。岐・美二神の生んだこの世界の存在者にとって、火のケガレは根源的なトラウマともいうべき意味を持っている。神道の根本が火のケガレを忌むことだとする復古神道の主張の出所は、まさにその点にある。そして、火を忌む風習のない外国の物を神に奉らないとする篤胤の主張は、復古神道の皇国至上主義の一つの根拠ともされるのである。ついでに付け加えれば、火のケガレが災いの根本であるとする復古神道の立場に立つならば、女神の残した水と土で鎮められない火は、理論上あってはならない、究極の火の荒びということになるであろう。古来、火のケガレの主たるものの一つに、失火による火災(『延喜式』巻三・五)があげられてきた。しかし、普通の火事ならば水と土で鎮められもしようが、今日では水をかけても消せない火がいくらでもある。もし篤胤が、原子力(プルトニウム)の存在を知ったら、それこそまさに黄泉の王(プルートー)のケガレた火であるというのであろうか。何とも興味の尽きないところである。

さて、以上のような篤胤の神話理解から導き出されるのは、主に次の二つのことである。

一つは、人間をはじめとするこの世界の存在者は、ケガレを憎む心を本性としているということである。「世に生出る《なりいづ》天之益人《あめのますひと》」は、その生成の根源に岐・美二神の和合と別離のいきさつを背負っている。二神を父母として生まれてきた存在者は、二神の和合としてあらわれた生成の意志を善とし、二神の一体を損なうものの一切を生成に反するものとして憎み嫌う。産霊神の「幸ひ生す」働きによって賦与された人間の魂は、分離・解体に抵抗するエネルギーとして生を保持するのである。「風と火と水と土、四種の物をむすび成し」て「生出る」人間の凝集・結合する力としての「心魂《たましい》」は、それゆえ、宣長的存在者のように悲哀をその根源感情とするものではない。宣長がこの世の人間の心性の原モデルを女神を失った男神の悲しみに見いだしたのに対し、篤胤はむしろ、憤って火神を斬り殺す伊邪那岐神の、あるいは、母を失いみずからも故なく殺された火神の怒りに、人の本来の心のありようを見てとる。ケガレを激しく憎む怒り憤りこそが魂の動揺の本質なのであり、「尚く《たか》雄々《おお》しく、直く清々《すがすが》し」い心こそが真実の性情なのだとされるのである。

二つ目は、人が死後ケガレた黄泉国へ行くとする宣長の考えは誤りであるとする主張である。第一に、黄泉国を激しく憎む伊邪那岐神の心情はこの世界のあらゆるものに共通の

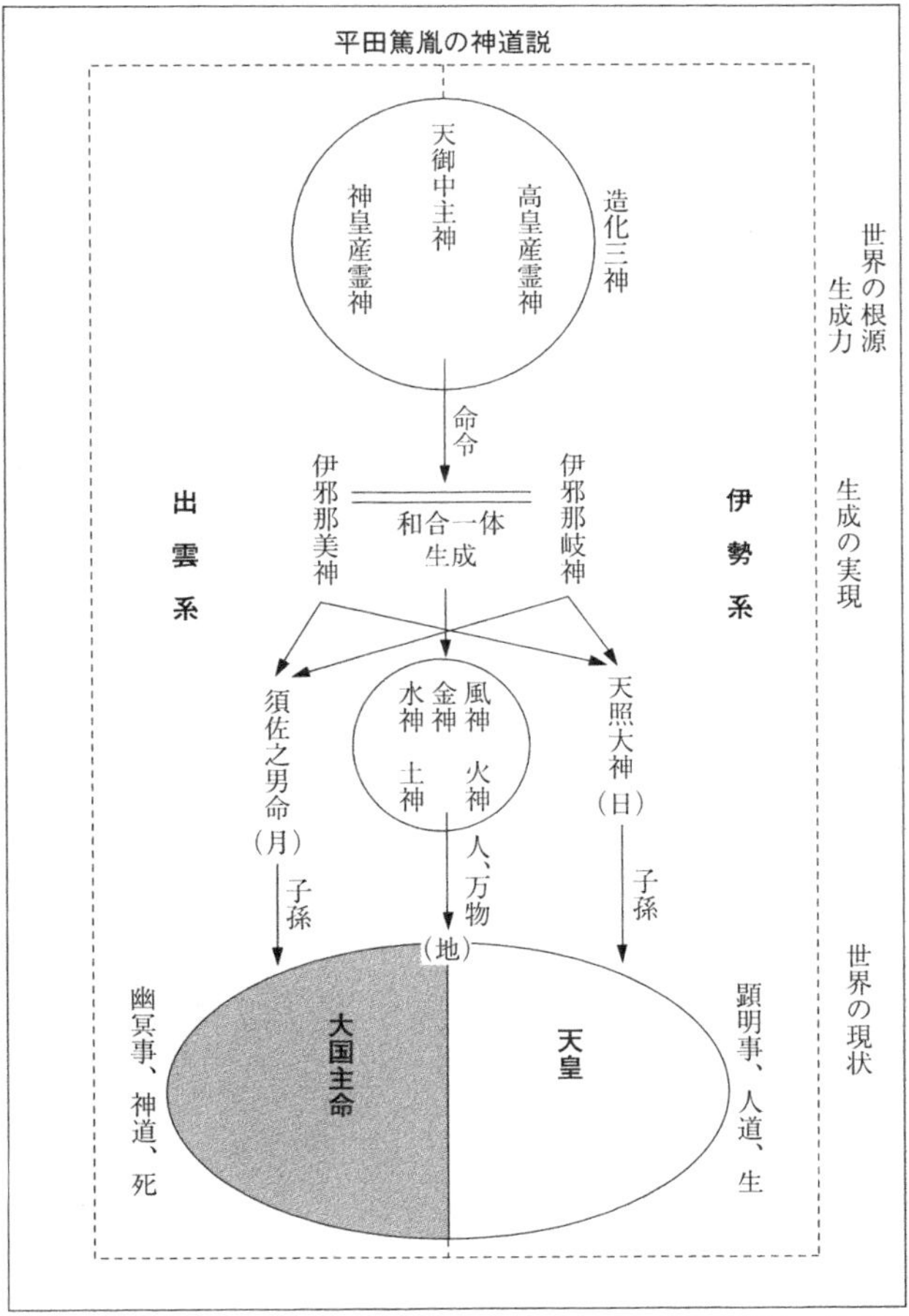

細部はともかく、天皇と神との二元構造そのものは、伊勢神道と一致する。

心情であり、そのようなものを伊邪那岐神が黄泉国へ行かせるはずがない。第二に、二神の根本意志は、産霊神によって与えられた「この国土を愛し幸ふ」ことに尽きており、変わらずにこの国を愛している伊邪那美神が、人間を黄泉国に引き入れるはずがない。神話の事跡を「規則《のり》として後を糺《ただ》す」篤胤学の方法は、この「はずがない」という論法で死後霊魂が黄泉国へ行くとする説を否定する。さらに篤胤は、伊邪那岐神が黄泉国から帰還した際、黄泉平坂に「千引石《ちびきのいは》」を置いて「往還《ゆきかひ》を止《とど》め定賜《おきてたま》へる」いわれに触れ、大国主命が往還して以降、神話の中に黄泉国との往来を示す記事はないのだと述べている。篤胤は『三大考』の説を引きついで、もともとこの国とつながっていた黄泉国は、ある時点で切り離されて月になったと考えるが、このことも実は、黄泉国との往来がありえないことをいうための一つの傍証となっている。

人が死後黄泉国へ行くことはないのだとすると、篤胤の古伝説の読みは一体どのような死後霊魂の安定を見いだしていたのだろうか。さきに述べたように、篤胤の答えは「幽冥界」へ行くというものであった。幽冥界とは、一体何なのであろうか。

### 幽冥界と大国主命

幽冥界とは、国譲りの後に大国主命が退去した「八十隈手《やそくまで》」なる世界である。本居宣長はこの「八十隈手に隠坐て《かくりまして》」という記事を、幾重にも曲がりくねった長い道のりをたどって黄泉国へ行ったと解釈する（『古事記伝』十四之巻）。伊邪那岐神・須佐之男命・大国主命のいずれも出雲にゆかりのある神は、ともに黄泉国にあって、天皇の治めるこの世界に対する神（幽事）の領域を形成すると考えたのである。

しかし当然のことながら、篤胤はこの解釈をとらない。

そもそもその「冥府《かみのみかど》」というものは、この目に見える国土をおいてほかにあるわけではない。直ちにこの「顕国《うつしくに》」の中の至る所に遍在しているのだが、「幽冥《ほのか》」にして、現世とは隔っていて目には見えない。（中略）冥府からこちらの世界はよく見えるが、こちらからはその幽冥を見ることができない。たとえれば、灯火の籠を白と黒との紙で中間からはりわけて部屋の中においた時のように、暗い側から明るい方はよく見えるが、明るい方から暗い側はよく見えない。この喩えで顕と幽の区別をわきまえ、幽冥の畏《おそ》れかしこむべきことを理解してほしい（ただしこれはあくまでも、顕と幽の区別の喩えである。実際に幽冥が暗く、こちらの世界のみが明るいのだと勘違いしてはならない。本当のところは、幽冥界にも衣食住の道が備わっており、この世界と同じような世界なのである）。（『霊之真柱』下。なお篤胤のこの考えを図示すると二六〇ページ図のようになる）

要するに篤胤の考えでは、死後の霊魂は「常磐《とことわ》にこの国土に居《お》る」のである。篤胤によれ

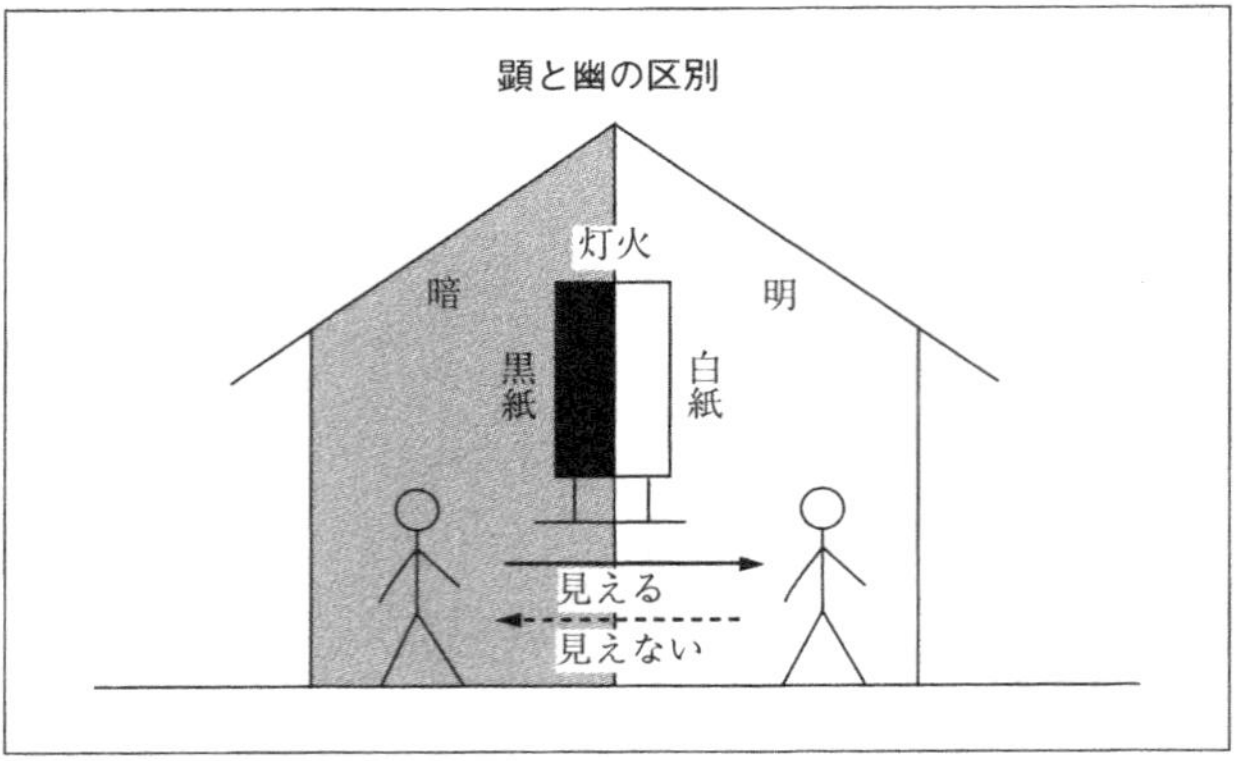

左側の暗い領域は、近代に入ると心霊現象の世界と結びつけられていく。

ば、この国土を「幸ひ生す」産霊神の至上命令は、天孫が顕明界を治め、大国主命が幽冥界を主宰する分掌体制によって完成する。このとき、この国土は、生成も死滅もすべてを内部に取り込んだ一個の自己完結体となって確定する。他界である黄泉国は切り離され、死は他界へとではなく、この世界の内部へと回収されるのである。

篤胤は、幽冥界もこの世と同じように衣食住の備わった世界であると述べていた。死後の霊魂の赴く先が、このような限りなく世俗的な異世界であるとするなら、私たちの生や死はそこからどのような意味づけを与えられることになるのだろうか。

死後、幽冥界に赴いた霊魂はそのまま神となると篤胤はいう。神である霊魂は、その力量に応じて貴賤・善悪・剛柔の違いはあるが、とくに卓越したものはその「霊異《くしび》」さにおいて、神代の神々にも等しい威力を発揮するという。死後霊魂のありようの違いは、各人の魂の大きさの違いによる。魂の大きさは生まれながらに決まっているのではなく、生前の努力・行ないによって「堅むれば固く、大きにすれば大きにもなる」ものであり、各人の心の持ち方次第で(「心の定《おきて》のまにまに」)いかようにもなるものである。たとえば、「女々しく怯《つたな》」い心でいれば、魂はどんどん「怯くのみ成行《なりゆき》て」、ついには「疫病《えやみ》の神」「疱瘡《もがさ》の神」「首絞りの神」といった禍々しく惨めな神に成り下がってしまう。この世を「幸ひ生す」産霊神の意志に従うこと、すなわち「正事《まさごと》」に努めれば「功績《いさお》しき神」となり、逆に「邪事《よこさまごと》」に従事すれば天狗・邪神の類に堕するのだという。

篤胤の見るところによれば、心の本質たる情の動きは、宣長のような受動的なあわれではなく、一種の能動的エネルギーの発動である。情の高まりは、エネルギーの拡大であり、人間の生は要するにエネルギーとしての霊魂を大きく強く育て上げていく営みにほかならない。このエネルギーは、一生の最後の瞬間に、すなわち「最期《いまわ》の一念」において極大値に達する。篤胤は、『太平記』巻十六にある楠木正成《くすのきまさしげ》(一二九四〜一三三六)の「最後の一念に依《より》て、善悪の生を引く」という言葉を引きながら、死の瞬間まで、日ごろの「世に幸《さちは》へむ」とする「心の安定《しづまり》」を維持できれば思い通りに「功績しき」神になることができると説く。「最期」のときにおける「一生のまこと」（前章参照）は、決して宣長のいうように宙吊りにされるのではなく、そのエネルギーの高まりのままに人は直ちに神になるのだと篤胤はいうのである。

## 死後の幸福

死を迎えるときに極限に達した魂のエネルギーは、死後においてその質（善悪邪正）と量（強さ・激しさ）に応じてさまざまな神になる。この区分けは、大国主命の審判によって決定されると篤胤は考える。幽冥審判思想とよばれるこの考え方は、直接には大国主命の国譲りの段についての『日本書紀纂疏』の注に依拠したものである。『纂疏』は、「顕事は人道、幽事は神道である。顕の世界で悪を行なう人には天皇がこれを誅し、幽冥の世界で悪をすれば神がこれを罰する」と述べている。しかしこれとは別に、篤胤の審判論の背後にキリスト教の審判思想が意識されていることもまた確かである。

篤胤は、この世はしばしの生をうけた「寓世《かりのよ》」であり、幽冥界こそが人間にとって本来あるべき「本世《もとつよ》」であるとする。この世の生はたかだか百年にすぎないが、幽冥に入ればその生は無窮である。現世における富・幸は真の幸福ではないし、現世の貧・不幸もまた真の災いではないと篤胤はいう。苦難に耐えつつ徳行に努めた者が幽冥界で与えられる幸福こそが「真の福」であるというのである（『古史伝』二十三）。
ここには明らかに、キリスト教の神義論的発想が見てとれる。篤胤も、これがキリスト教の典籍の中で述べられている考え方と同じであることを知っていた。ただ、発想の出所が何であるにせよ、篤胤がこの議論で思い浮かべているのは、生涯を苦難のうちに過ごし、ついに八十隈手に隠れた大国主命の事跡であった。そしてそれはまた、生家に捨てられ、愛する妻を早くに失い、貧困と不遇の中で道を求めつづけてきた篤胤自身の「心の安定」の希求の産物でもあった。

篤胤にとって、「寓世」たるこの世の生は試練であり修行であった。しかしこのことは、この世の生が本来的に厭うべきものであることを意味しない。「どうしても早く極楽へ行きたがる人の気が知れぬ。極楽よりはこの世が楽しみだ」（『伊吹於呂志《いぶきおろし》』）と篤胤はいう。さまざまな苦難に満ちているとはいえ、この世は本来的に祝福されて生成した楽土なのである。伊邪那岐・伊邪那美二神の睦び親しみとして生じたこの世界が、一面で苦難の相を呈している原因は、二神の一体性に亀裂を生じさせた黄泉国のケガレである。ケガレの本質は、生成されてある物に亀裂を入れ解体をもたらすそのことにある。端的にいえば、ケガレとは物の有限性・無常性それ自体のことである。ケガレを憎む魂とは、まさにこの解体・無常に反発するエネルギーを意味している。物の解体・崩壊をくいとめる給合（ムスビ）の力こそは、この世界を貫く原理であり、存在者の本質たる「心魂《たましい》」なのである。

人間の本質は、ケガレに反発し、物の常住を希求する精神のエネルギーである。このエネルギーは、ケガレに対する怒り・憤りの激しさとなって発動する。この憤りは、ケガレゆえに苦難を招いた火の神の荒ぶる魂を原型としている。生の意味は、この一種の意志力としての「武《たけ》く勇めりし」「大倭心《おほやまとごころ》」の保持如何にかかっている。


なせば成るなさねば成らず成る業《わざ》を成らずと棄《す》つる人のはかなさ（『気吹舎歌集』）

「なせば成る」という意志力は、自分自身にとっての最大のケガレである自己の死に直面したとき、極限の高まりに到達する。自分自身のケガレにおいて、人はその「大倭心」のあり方を最終的に問われるのである。この生死の境を、「及ばぬまでも世にも幸《さちは》へむ」とする魂の力によって突破するなら、人はこの国土を愛し祝福する神となって永久にこの世に留まることができるのである。すなわち、幽冥からこの世を助ける大国主命と並んで、「顕世《うつしよ》を幸《さちはひ》賜《たま》ふ理《ことわり》にひとしく、君親《きみおや》、妻子《めこ》に幸ふ」神となるのである（『霊之真柱』）。

人は死後、景色の裏側にある幽冥界で、神となる。そこで人は、この世界を生んだ父母神の意志と等しく、大いなる産霊の働きそのものと化す。生まれてこの世にある存在者は、幽冥への移行とともに、生む力そのものの境位へと反転するのである。生まれてきた者から生む者へ、いわば子どもから親・大人への反転こそが、篤胤にとっての生の目的であり、その完成であったのである。

## 幽冥界のありか

この世の景色の裏側に遍在するとされる幽冥界の内実を知ることは、篤胤の終生の関心事であった。この景色の裏側への予感を、篤胤はしばしば自身の経験を通して語っている。白昼、ある屋敷の土蔵の白い壁に向かって、二匹の犬が怒り狂ったさまで吠えかかっていた。喰らいつくように壁に向かっていったかと思えば、追い立てられるように尻尾を巻いて引き下がる。また向かっていっては、再び退散するといったことを繰り返していた。何物かがその辺りにいることは疑いなく、犬はそれを見とがめて吠え、何物かはうるさがって犬を威嚇していたのだろう。残念ながら自分にはそれが見えない。これこそ顕と幽の境であり、白壁のほかは影さえも見えなかった。そのうちに何物かは屋根に登ったらしく、犬は上を向いて吠え、ついには屋敷の内へ追いすがっていった。いかにも奇異なことではないか。(『玉だすき』四之巻)

篤胤のこうした関心は、神隠しにあって超能力を身につけた少年に幽冥界の事情を尋ねた聞き書き『仙境異聞』や、生まれ変わりの記憶を持つ少年の話を記した『勝五郎再生記聞』、あるいは妖怪・天狗について記した『稲生物怪録』『古今妖魅考』といった著作に結集されていく。こうした方面の篤胤の業績は、柳田国男らの日本民俗学の祖とされるだけでなく、近代における霊学、心霊学のルーツともなっている。壁に向かって吠える犬の話からも容易に推測できるように、今日よくいわれる守護霊だの背後霊だのといった発想は、篤胤の世界の基調をなしている。怪異小説で名高い泉鏡花（一八七三～一九三九）も、当然『稲生物怪録』を読んでいただろうと折口信夫は推測している（『平田国学の伝統』）。

凡《およ》そ天下に、夜を一目も寝ぬはあつても、瞬《またたき》をせぬ人間は決してあるまい。悪左衛門をはじめ夥間《なかま》一統《いっとう》、即ち其《そ》の人間の瞬《また》く間を世界とする――（泉鏡花『草迷宮』）

瞬きする間の「一秒時」にも、「水も流れ、風も吹く」長い時間がある。そこを住みかとし、人と出会えば「遣過《やりす》ごして背後《うしろ》を参る」。このようにして、「六十余州、罷《まかり》通る」魔の統領「到る処《ところ》の悪左衛門」のモデルが、『稲生物怪録』にあらわれる魔王、「山本《さんもと》五郎左衛門」「神《しん》野《の》悪五郎」だったのはほぼまちがいない。天下のいたるところに、瞬きや「背後」といったいわば人間の死角として構成される世界があり、そこを「罷通る」何物かが存在する。篤胤の幽冥界への関心は、私たちの日常的な経験そのものの持つ「物深」さ（柳田国男『山の人生』）への探求となって、近代の思想・文芸の世界へと受けつがれていくのである。

## 子どもを大切にする思想

篤胤の幽冥論の影響はきわめて広範囲にわたっており、そのすべてを紹介するわけにはいかない。ここでは、一つのことだけを述べておこう。

篤胤の幽冥論は、世界の生成構造やその方向・目的についての宇宙論的な考察の一環として出てきたものである。それは確かに死後の世界を問題にしている。しかし、その根底に一貫してあるのは、宇宙全体を生成という根本意志(産霊神の御霊《みたま》)のあらわれととらえる見方である。

このことは、宣長から篤胤へと受けつがれた神話解釈のあり方にかかわっている。細部の相違はともあれ、彼らの見方は、神代神話の核心を伊邪那岐・伊邪那美二神の物語としてとらえるものであった。彼らの見方では、神話を貫く根本主題は、男女二神の一体化を命じた産霊神の「生み成せ」という命令にほかならない。この世界の根源は、生み成せという命令を発するところの産霊神である。この神はいわば生むことを生む神として、この世界の原理となっている。生成という根源的命令は、男女二神の二にして一なる和合・生産として具体化する。この世界の最初の形、最初の分節が、男女の対《つい》ということなのである。このことの持つ意義は、たとえば『日本書紀』の系譜構造に神話の核心を読み取る中世神道系の理解と比較してみると明らかになる。神話を男女の物語ではなく、祖先から子孫へという縦の物語として読む理解は、その帰結として、世界の根源形態を上下の分節としてみる垂加神道のような見方を引き出してくる。世界の構造を縦の分割と見るか、横の分割と見るかは、思想の構造の根本的な違いをもたらすのである。

それはともかくとして、この世界を男女の原理による生成という観点でとらえる仕方は、篤胤においては、生成の反対である死の世界にまで貫徹されることになる。死後の霊魂は、生成の原理たる神の世界に参与するのであり、生みだすところのもの(生まれる前の世界)と、生みだされた存在者の行き着く先とが、質的に同一のものとみなされることになるのである。

こうした発想は、民俗世界の中の伝統的な氏神信仰、産土《うぶすな》信仰と容易に結びつく構造を持っている。事実、篤胤の門下の中からは、大国主命の統轄する幽冥界は、村々の産土社の神の世界であるとした六人部是香《むとべよしか》(一八〇六～六三)や、百八十柱の御子を生んで幽冥界の主となった大国主命にならい、多くの子を生んで子孫多きご先祖になることを生の目的であると説いた宮負定雄《みやおいやすお》(一七九七～一八五八)らがあらわれた。

神主や名主など農村の指導者層の間に浸透した国学・復古神道の思想は、草莽《そうもう》の国学とよばれる。草莽の国学者たちの神道説は、生むことを生む神である産霊神の思想を忠実かつ平易に翻訳し、農民たちの生活の拠りどころとしようとするものであった。幕末におけるそうした草莽の国学者の思想や活動の姿は、島崎藤村(一八七二〜一九四三)の長篇小説『夜明け前』の中でいきいきと描き出されている。

彼らは、男女交合を伊邪那岐・伊邪那美二神の始めた道であるとし、「子孫生成の大業」(宮負定雄『民家要術』)こそが、人たるものの務めであると説いた。しかし、「子孫《こうまご》を多《さは》に育て世の人を殖《ふや》すぞ神の道にはありける」(同)と説く彼らの議論そのものは、単純で通俗的なものではあった。また、生成の原理にもとづき、「子間引《まびき》を禁ずる」(同)運動を展開したり、神道に依拠した農村道徳の確立をめざした彼らの社会的活動にも多くの限界があったことは、『夜明け前』の主人公である平田派国学者青山半蔵の悲惨な最期のさまがよく象徴しているところである。しかし、そうした平田派の思想の持つさまざまな限界にもかかわらず、ここでとくに注目しておきたいのは次のようなことである。

男女和合の原理にもとづく子孫繁栄を説く発想それ自体は、とりわけ珍しいものではない。家の存立・繁栄を第一義に置く思想は、基本的にそのようなことを説いているし、実際復古神道の主張もそうした家族主義思想の一つのパターンに過ぎないと考えられてきた。しかし、復古神道の子孫相続論が、伊邪那岐・伊邪那美二神の物語を背負っていることには、家というものの重視という大きな枠組みとは別に、もう一つ大切な特質が隠されている。それは、家の存続のために子どもが大切であるという発想とは逆に、生まれてきた子どもそれ自体の大切さの側から家を根拠づけるという考え方である。すなわち、家が大切だから男女・子どもが必要であるというのではなく、子どもの大切さという価値を実現するために、家があるという発想である。

世界を貫く原理である産霊神の意志は、生み成せということであった。しかし、この生成の意志は、具体的には岐・美二神の、生まれ出た国土万物を「大切《いそしみ》おもほ」す心となってあらわれている。生成とは、生まれ出たものとしてある存在者が愛され祝福されることにほかならない。世界は、生まれた者、すなわち本来的に子どもであるところの存在者を愛しかわいがるために存するのである。

子どもを大切にする姿勢は、復古神道の流れを引く思想、たとえば柳田国男の民俗学に、顕著な特徴となってあらわれている。それは、二神の「男女夫婦相互《たがい》に、相想ふ至心実情」（桂誉重『済生要略』）それ自体のあらわれである子として、この世界の存在者の本質をとらえる、復古神道の思想の当然の帰結であるといえる。復古神道は、「たよりない子どもも」の、「お母ああさん！」（二四五ページ）という泣き声の本当の意味を、心底から理解しようと試みた思想だったからである。

# 結び　神さまの現在

## 神々の近代

わが国には現在、約八万社の神社があり、神に奉仕する神職の数は二万名近くに上るといわれている。そのほとんどは、宗教法人神社本庁に所属している。いわゆる神社神道である。この神社神道以外にも、神道を奉ずる数多くの宗教法人が存在している。神の祭祀は、今日なお私たちの生活世界のいたるところに根づいているのである。

第一章で触れたように、神道は教義のない宗教だといわれている。少なくとも、神道界の最大勢力を占める神社神道は、定まった教義や教典を持っていない。しかし、そうした事情とはかかわりなく、神のあらわれを受けとめる知恵や力は、今日の神道界にも確実に保持されているように見える。伊勢の皇学館大学構内に一歩足を踏み入れたときに受ける、あの折り目正しく張りつめた感じは、みずからのありようを積極的に神の境位へと反転させようとする伊勢神道・垂加神道の清浄・正直の伝統が変わらずに保たれていることを実感させる。あるいは、ほとんど世俗的なイベントと化してしまっているような今日の結婚式においても、時に粛然と背筋を正されるような神のあらわれに出会うこともある。何年か前、筆者が都内の式場で出会った巫女舞《みこま》い(巫女は国学院大学の学生であったと聞いている)は、まさに大都会の華やかな式場の一隅にひそやかに神のあらわれを告げる緊迫した瞬間であった。

神の経験をどのようにとらえるか、あるいは、神道とは何かといった問いに対する過去の思索のありようの一端については、すでに本論の中で述べてきたところである。ただ、過去の神道思想家たちがうち立ててきた理論の多くは、その見かけの異様さゆえに、必要以上に厳しく時代の限界というレッテルを貼られて、今日では顧みられることが少なくなっている。しかし、私たちの経験そのものの奥行きを、神を手がかりにとらえようとする彼らの試みの核心は、形を変えてなお生きつづけているのである。

教義をめぐる神道界内部の議論を別としても、神をめぐる思索は、西洋近代文明の洗礼を受けた近代日本の思想・文化の中にさまざまな形で見いだすことができる。

本論中でたびたび言及した柳田国男も、常人の経験の物深い奥行きとしての神を探究した代表的な思想家である。過激な平田派神道家を父に持つ柳田は、自身もまたある意味で復古神道の直系の後継者であった。柳田が常民の心性の内に発見した「日本人の死後の観念、即ち霊は永久にこの国土のうちに留まつて、さう遠方へは行つてしまはないといふ信仰」(『先祖の話』)は、平田篤胤の幽冥論を民俗の事実として実証するものであり、同時に戦時下の国家の施策のあり方に対する柳田自身の思想的意見でもあった。篤胤の「幸ひ生す」論理は、霊が「眼に見えぬ一つの力、一つの愛情」すなわち「御先祖」となって「子孫後裔を死後にも守護」(同)するという新たな装いをもって再生される。柳田の民俗学は、この国に生をうけた者が「どこ迄も此国《この》を愛して居た」心意を掘り起こし、常人の常識として存するいわば無意識の社会制度の探究を、国家有用の学問として確立しようとするものであった。

民俗学と国文学を結びつけ、折口学とよばれる特異な学風を築いた折口信夫もまた、近代において、神の経験の反省的とらえ直しを深く遂行した思想家の一人である。折口は、「信田妻《しのだづま》」説話に典型的にみられるモチーフ、すなわち異類の妻が、愛する夫と子をこの世に残して異郷へ去るという「他界妻」のモチーフが、民族文学の基本主題をなしており、その情緒の根源をなすものであると考えた(『日本文学の発生序説』他)。折口のこの考えが、伊邪那岐・伊邪那美神話に対する国学者の眼差しと重なるものであることは明らかであろう。折口の名篇『妣《はは》が国へ、常世《とこよ》へ』は、女神の去った彼方の異郷に、私たちの魂の帰すべき故郷を幻視するものであった。

「新国学」を称した柳田・折口でなくとも、神の経験のとらえ直しがその学説・思想の重要な契機となっている例は、いくらでもある。日本ではじめて本格的な倫理学体系をうち立てた和辻哲郎《わつじてつろう》(一八八九~一九六〇)の、「祀る神」と「祀られる神」という考えもその一つである。和辻は、天照大神のような重要な神が、自分自身もまた別な神を祭っているという神話の中の事実に注目する。ここから和辻は、日本人が究極の絶対者を、限定されざる

「不定」性としてとらえているとした。そして絶対者の神聖性は、祭祀にあずかる者の「通路」としての性格の上にあらわれると考えた。祭祀や司祭者が「通路として、神聖性を帯びてくる」ということは、和辻の日本倫理思想史構想の基本アイデアたる天皇の尊貴性を論ずる根拠となる(『日本倫理思想史』)。そしてまた、和辻が神話の内に見た、絶対者を「不定」そのものとしてとらえるあり方は、和辻倫理学全体の基本構造と密接に連関しているのである。

祟り神や黄泉国のありようを、私たちの意識の構造の問題として解き明かす佐藤正英の「原郷世界」論も、この和辻の神理解の批判的吟味を通じて立てられたものである。本書の神観念の多くを依拠している佐藤の神をめぐる諸論考は、私たちの経験そのものの消息として神を考える思索の最も新しいバージョンの一つであろう。

神道の発想があらわれ、問われるのは、こうしたあからさまに神が論じられる場面ばかりではない。近代的なものの見方が人々の常識となっている今日において、神は意外なところに、それと知られることなくひそやかに立ちあらわれてくるのである。

## 鉄腕アトムと『ひょっこりひょうたん島』

手塚治虫の世界は、戦後生まれのある世代にとっては懐かしい共有財産の一つであろう。

正義のロボット鉄腕アトムは、科学と道徳とを統合した新しい英雄像として、のちの青少年文化に多大な影響を与えたことは周知の通りである。明るい正義そのものに見えるアトムの道徳の原則は、しかし、一言でいえば人間に逆らってはならないという服従の道徳である。人間を害することが許されないというロボット憲法は、いわばロボットがその存在自体の内に組み込まれている絶対の上下秩序である。アトムの物語の基調にそこはかとなく漂う悲哀は、おそらくそのことと関係している。こうしたロボットの存在イコール道徳に、垂加神道の思想と響き合うものを読み取るのは、果たして筆者の思い過ごしであろうか。別に、手塚が好んで猿田彦神あるいは猿田彦的人間を登場させるからというわけではない。イメージというならばむしろ、金属と道徳の組み合わせ、あるいは医師でもあった手塚の物体的身体の描き方といったものの内に、より濃厚に土金や凝固する心身の発想と通じるものがあるように思われる。ゴジラの攘夷思想ほどあからさまではないにしろ、悪のロボットのみを破壊するアトムの振舞いもまた、武力による祓えなのではなかっただろうか。

漫画文化の中に日本神話的な想像力を見いだす議論は、鎌田東二(一九五一〜)の諸論考(『翁童論』など)をはじめとして、さまざまな形で提起されている。詳しくは、そうした諸論に譲るとして、ここではもう一つだけ、井上ひさし(一九三四〜)の『ひょっこりひょうたん島』

についての感想めいたことを述べておきたい。

神話的想像力ということで言うなら、このひょうたん島が、「多陀用弊流国《ただよへるくに》」（『古事記』）のイメージを引くものであることは明らかであろう。しかし、それ以上に興味深いのは、この島の住民が基本的に子どもであるということ、そしてこの島の中には父母が不在であるということなのである。考え過ぎといえばそれまでだが、母体たる本土から切り離されて漂う母のいない国というイメージは、平田篤胤の説く日本という世界のありようと根本的に同質であるように思われる。井上文学においては、失われた母、あるいは子どもだけの世界というモチーフが、陰に陽に作品世界を貫いているように見える。これは、折口信夫のいう民族文学の基本的心性に通じるものであり、その根底には、もしかしたら懐かしい「妣が国」たる伊邪那美神の世界の記憶が揺曳しているのかもしれないのである。

こういったことは、いわば全くの余談にすぎない。しかし、そうした作品が、ときに私たちの神の経験の遠い記憶を引き出すきっかけとなるものであることもまた疑いえないのである。

「経験」というものの あるがままを探究して書かれた小林秀雄のベルグソン論は、次のような有名なエピソードから説き起こされている。

門を出ると、行手に蛍が一匹飛んでゐるのを見た。この辺りには、毎年蛍をよく見掛けるのだが、その年は初めて見る蛍だつた。今まで見た事もない様な大ぶりのもので、見事に光つてゐた。おつかさんは、今は蛍になつてゐる、と私はふと思つた。蛍の飛ぶ後を歩きながら、私は、もうその考へから逃れる事が出来なかつた。(『感想』一)

「寝ぼけないでよく観察してみ給へ。童話が日常の実生活に直結してゐるのは、人生の常態ではないか」と小林はいう。神秘家の語る神秘などに比べれば、私たちの日常の生のあるがままの事実の方が、はるかに物深い。私たちが経験するこれ以上はない不可思議な事実とは、私たちの経験そのもののことではないか。小林のベルグソン論は、おそらくこのような問いに導かれたものである。小林のいう、反省では決して近づけぬ「経験の核心」は、これ以上不可解なものはない奇異なるものという意味で、それを神とよぶことも可能であろう。形而上学的な直観のありようを示す日本の伝統的な用語「神」は、私たち一人一人の生の不思議さそのものを指し示しつつ、今もひそかに立ちあらわれつづけているのである。

## あとがき

風景が反転し、人はそこでものを考える。神道に限らず、およそあらゆる思想の出自はそんなところにあるのではなかろうか。

本書に一貫しているのは、結局そのことだったようである。「経験」という不思議なるものが、「経験」それ自身をとらえる言葉を生み出す現場を、神道思想に即して浮かび上がらせる、そんな大それたねらいもあったのだが、どこまで達成できたかは、はなはだ心もとない限りである。

そしてまた、いつどこで「逆襲」が始まるかと期待しながら読み進めてこられた読者には、ついに本論のどこにも逆襲の一語があらわれなかったことに、拍子抜けの思いをされていることであろう。期待はずれだとの叱責には、ここであらためてお詫び申し上げたい。

しかしながら、鳴り物入りで弓鉄砲をふりかざすことばかりが逆襲であるとは限らない。ただ、石の地蔵のようにそこにあるということでも、それはそれで一つの決起の形であると思うのだが、いかがであろうか。本書が意図したのは、何に向かっていくというでもなく、ただあるということ自体が一つの異議であるような、そういう行き方なのであった。保田與重郎は『後鳥羽院』という書物の序文で、「目次の各篇に、後鳥羽院と題する章のないのは」、全篇すべてが後鳥羽院を主題とするからであるとうそぶいている。本書もまた、いささかその流儀に倣ってみたところがある。もちろん、成否のほどは不明ではあるが。

本書は、草稿の段階で共立女子大学の佐藤正英先生に、また初校の段階では相愛大学の千葉真也先生に通読していただき、それぞれ多くの貴重なご指摘を頂戴した。この場を借りて御礼申し上げたい。

本書で述べた神観念にかかわることがらのおそらく半分以上は、研究会などで佐藤先生とお話しする際の常識に類したことである。しかし、先生の主たる神話論が現在まだ執筆途上であることもあって、先生の常識は必ずしも世間の共有するところとなってはいない。そしてまた、筆者自身の理解とのさまざまな差異も必ずしも明らかではない。先生の論に乗りながら、しかも先走って曲解した部分があれば、それについてはあらためてご批判を待つことにしたい。

千葉先生には、かつて筆者の旧著『本居宣長』刊行の際に、たくさんの有難いご指摘を頂戴した。国学の実証的手法の正統の後継者である先生は、何につけ大雑把な筆者にとって何とも心強いご意見番である。本居宣長の手稿についてなら、ＤＮＡまで解析するといわれている先生のお仕事の一層のご発展をお祈りする次第である。

講談社の上田哲之氏には、本書の構想段階からすべての面にわたってお世話になった。とくに、論文スタイルでしかものを書いたことのない筆者にとって、こわい読者であり、すぐれた書き手でもある氏のアドバイスは、何にもまして有難かった。心から御礼申し上げたい。また、本書執筆の遠いきっかけを作ってくださった講談社の堀越雅晴氏にも、お詫びかたがた御礼を申し上げねばならない。もう七年以上前、平田篤胤で単行本を執筆することをお勧めくださったのが堀越氏であった。その折に、筆者がK社の二百字詰め原稿用紙の手書きでしか書かないことを知った氏は、早速に大量の原稿用紙を手配してくださった。予定されていた内容とはずいぶんずれてしまったが、本書の原稿は長年眠っていたその原稿用紙に書かれたものである。

本居宣長没後二百年の年に

菅野覚明

講談社現代新書　1560

# 神道《しんとう》の逆襲《ぎゃくしゅう》

二〇〇一年六月二〇日第一刷発行　二〇二四年三月一九日第一九刷発行

著　者　菅《かん》野《の》覚明《かくみょう》
©Kakumyo Kanno 2001

発行者　森田浩章
発行所　株式会社講談社
東京都文京区音羽二丁目一二―二一　郵便番号一一二―八〇〇一
電　話　〇三―五三九五―三五二一　編集（現代新書）
〇三―五三九五―四四一五　販売
〇三―五三九五―三六一五　業務
装幀者　中島英樹
印刷所　株式会社ＫＰＳプロダクツ
製本所　株式会社ＫＰＳプロダクツ
定価はカバーに表示してあります　Printed in Japan

本書のコピー、スキャン、デジタル化等の無断複製は著作権法上での例外を除き禁じられています。本書を代行業者等の第三者に依頼してスキャンやデジタル化することは、たとえ個人や家庭内の利用でも著作権法違反です。Ⓡ〈日本複製権センター委託出版物〉

複写を希望される場合は、日本複製権センター（電話〇三―六八〇九―一二八一）にご連絡ください。

落丁本・乱丁本は購入書店名を明記のうえ、小社業務あてにお送りください。

送料小社負担にてお取り替えいたします。

なお、この本についてのお問い合わせは、「現代新書」あてにお願いいたします。

N.D.C.170　281p　18cm
ISBN4-06-149560-7

## 「講談社現代新書」の刊行にあたって

教養は万人が身をもって養い創造すべきものであって、一部の専門家の占有物として、ただ一方的に人々の手もとに配布され伝達されうるものではありません。

しかし、不幸にしてわが国の現状では、教養の重要な養いとなるべき書物は、ほとんど講壇からの天下りや単なる解説に終始し、知識技術を真剣に希求する青少年・学生・一般民衆の根本的な疑問や興味は、けっして十分に答えられ、解きほぐされ、手引きされることがありません。万人の内奥から発した真正の教養への芽ばえが、こうして放置され、むなしく滅びさる運命にゆだねられているのです。

このことは、中・高校だけで教育をおわる人々の成長をはばんでいるだけでなく、大学に進んだり、インテリと目されたりする人々の精神力の健康さえもむしばみ、わが国の文化の実質をまことに脆弱なものにしています。単なる博識以上の根強い思索力・判断力、および確かな技術にささえられた教養を必要とする日本の将来にとって、これは真剣に憂慮されなければならない事態であるといわなければなりません。

わたしたちの「講談社現代新書」は、この事態の克服を意図して計画されたものです。これによってわたしたちは、講壇からの天下りでもなく、単なる解説書でもない、もっぱら万人の魂に生ずる初発的かつ根本的な問題をとらえ、掘り起こし、手引きし、しかも最新の知識への展望を万人に確立させる書物を、新しく世の中に送り出したいと念願しています。

わたしたちは、創業以来民衆を対象とする啓蒙の仕事に専心してきた講談社にとって、これこそもっともふさわしい課題であり、伝統ある出版社としての義務でもあると考えているのです。

一九六四年四月　野間省一

## 哲学・思想I

## 哲学・思想Ⅱ

## 宗教



Ⓒ

## 日本語・日本文化